职业教育“十三五”规划课程改革创新教材

冷冲模制造实训

周文学　骆美芝　主　编
范振波　主　审

科学出版社
北　京

内 容 简 介

本书采用“项目—任务”的编写模式，共设置 4 个实训项目，分别为初识冷冲压及冷冲压模具、制造水果刨落料模零件、模具装配、试模与调整。

本书编写切实从职业院校学生的实际出发，注重实用性、可操作性，强调对学生工程实践意识的培养，以及对学生形象思维和观察能力、分析问题和独立解决实际问题能力的培养。本书内容通俗易懂、深入浅出，采用大量图例、图表等，以求直观、形象。书中的零件制造任务采用“工艺卡＋工序卡”的企业模式，且全书穿插有二维码链接，通过扫描可直接观看微课；另外附录部分给出了详细的图样，便于教学。

本书既可作为高等职业院校、中等职业院校机械类、近机类专业的教材，也可作为相关从业人员的培训教材和学习参考书。

图书在版编目(CIP)数据

冷冲模制造实训/周文学，骆美芝主编. —北京：科学出版社，2016

（职业教育“十三五”规划课程改革创新教材）

ISBN 978-7-03-049631-7

Ⅰ. ①冷… Ⅱ. ①周…②骆… Ⅲ. ①冲模-制模工艺-职业教育-教材 Ⅳ. ①TG385.2

中国版本图书馆 CIP 数据核字（2016）第 200617 号

责任编辑：张振华 / 责任校对：陶丽荣

责任印制：吕春珉 / 封面设计：曹 来

科学出版社 出版

北京东黄城根北街 16 号

邮政编码：100717

http://www.sciencep.com

新科印刷有限公司 印刷

科学出版社发行 各地新华书店经销

*

2016 年 11 月第 一 版 开本：787×1092 1/16

2016 年 11 月第一次印刷 印张：9

字数：200 000

定价：26.00 元

（如有印装质量问题，我社负责调换〈新科〉）

销售部电话 010-62136230 编辑部电话 010-62135120-2005（VT03）

前　言

“冷冲模制造实训”是职业院校主干专业技能实训课程之一，是教学计划的重要内容，是工科课堂教学与实践相结合的重要组成部分。

本书的实训内容能使学生在校期间直接参与生产实践，参与冷冲压模具制造的基本过程，增加对冷冲压模具的感性认识，了解冷冲压模具常用的金属材料，掌握冷冲压模具零件的加工工艺。更重要的是通过实际操作，增强学生进行工程实践意识的训练，培养学生的形象思维能力、观察能力、分析问题和独立解决实际问题的能力。培养学生热爱劳动、遵守纪律的优秀品德和理论联系实际的科学作风。通过实训使学生树立质量观、经济观、劳动观和安全观。

本书具有以下显著特点。

一、面向职教，理念新颖

本书编者均来自教学或企业一线，有丰富的教学和实践经验。在编写本书的过程中，编者充分考虑职业院校的实际情况和就业需求，设置了接近生产和实际应用的知识点和技能点。

本书采用“基于项目教学”的职业教育课程改革理念，力求建立“以项目为核心，以任务为载体”的教学模式。本书编写以冷冲压模具生产的过程为主线，融合了机械加工、数控加工、钳加工、特种加工的工艺，在提高学生综合职业能力方面，具有很强的针对性和可操作性。本书编写的内容从职业院校学生的实际出发，力求做到深入浅出，采用图例、图表和实物等，以求文字准确简洁，直观形象易懂，便于自学。

二、结构清晰，资源丰富

本书以冷冲压模具制造的工艺过程为主线安排实训内容。项目 1 中的 4 个任务是为制造模具而安排的知识准备；项目 2 的两个任务安排了图样分析和模具零件的制造；项目 3 的 3 个任务是模具装配前的准备工作及模具部件的装配和总装配；项目 4 的两个任务是试模前的准备工作及试模操作。本书中的零件制造任务采用“工艺卡＋工序卡”的企业模式，而模具装配过程则是模具实际装配过程的展示与操作细节的描述。

为了方便不同层次学生的教学，附录中提供了水果刨生产的各种类型的模具和磨床夹具的图样，其中有全套图样的模具为冲孔模、切舌模和冲孔落料复合模；冲孔切舌落料连续模、压印弯曲模和刃口磨削夹具仅提供装配图，给师生留出了充分发挥的空间。书中对一些重点内容制作了微课，并以二维码链接的形式穿插于正文中，读者可通过手机等终端扫描观看。

本书采用最新国家标准和法定计量单位。

本书参考学时为 90 课时，各项目的课时分配见下表。

序号	项目名称	讲授课时	实操课时	合计
项目 1	初识冷冲压及冷冲压模具	4	2	6
项目 2	制造水果刨落料模零件	6	54	60
项目 3	模具装配	2	10	12
项目 4	试模与调整	2	10	12
总计		14	76	90

本书由金华市技师学院周文学、骆美芝担任主编，浙江交通技师学院范振波、金华市第一中等职业学校叶辉以及金华市技师学院的朱彬彬、吴贵强、庄剑红、周利平和胡凯俊参与编写。周文学负责全书的框架设计和统稿。范振波对全书进行审阅，并对结构框架和内容提出了许多宝贵的意见，在此表示诚挚的感谢。

在编写本书的过程中，编者得到了许多专家和同行的支持，并参阅了许多国内外公开出版与发表的文献，在此一并表示感谢。

由于时间仓促，水平有限，书中难免存在不妥或疏漏之处，恳请广大读者批评指正。

编　者

2016 年 5 月

目　录

项目 1　初识冷冲压及冷冲压模具……1

任务 1.1　认识冷冲压……2

1.1.1　冷冲压的概念、特点……2

1.1.2　冷冲压工艺的分类……2

任务 1.2　认识冷冲压模具……4

1.2.1　冷冲压模具的分类……4

1.2.2　冷冲压模具的结构……4

任务 1.3　认识冷冲压模具的常用材料……6

1.3.1　冷冲压模具工作零件的材料……6

1.3.2　新型冷冲压模具钢……7

1.3.3　冷冲压模具其他零件的材料……8

任务 1.4　认识冷冲压模具的常用标准件……9

1.4.1　模架……9

1.4.2　模柄……10

1.4.3　螺钉与销钉……11

思考与练习……12

项目 2　制造水果刨落料模零件……13

任务 2.1　认识水果刨落料模的装配图……14

2.1.1　识读水果刨落料模……14

2.1.2　水果刨落料模主要零件的作用及技术要求……17

知识链接　落料模零件材料解读及模柄设计说明……25

任务 2.2　制造零件……26

2.2.1　加工落料凸模……26

2.2.2　加工落料凹模……30

2.2.3　加工凸模固定板……37

2.2.4　加工凸模垫板……40

2.2.5　加工卸料板……44

2.2.6　加工导料板……50

2.2.7　加工模柄……54

2.2.8　加工上模座……56

2.2.9 加工下模座……59

2.2.10 操作测评……63

知识拓展 模具加工中常用加工设备及应用……63

技能拓展 模具加工中的攻螺纹、线切割及铣削工艺处理……66

思考与练习……68

项目 3 模具装配……70

任务 3.1 模具装配前的准备工作……71

任务 3.2 装配模具部件……74

3.2.1 装配模柄……74

3.2.2 装配凸模与凸模固定板……76

3.2.3 装配凹模……77

任务 3.3 模具总装配……78

知识拓展 压入法装配冷冲模的工艺要点……82

技能拓展 冷冲模装配时凸、凹模间隙的调整……82

思考与练习……83

项目 4 试模与调整……84

任务 4.1 试模前的准备工作……85

4.1.1 冲床的基本结构和工作原理……85

4.1.2 曲柄滑块上的常用结构……86

任务 4.2 试模操作……87

4.2.1 试模前的准备工作……88

4.2.2 安装模具和试模……90

4.2.3 操作测评……92

知识拓展 冷冲模的安装与调试……92

技能拓展 冷冲模的拆卸与保养……94

思考与练习……95

附录……96

附录 1 水果刨冲孔模图样……96

附录 2 水果刨切舌模图样……102

附录 3 水果刨冲孔落料复合模图样……107

附录 4 水果刨冲孔切舌落料连续模装配图……116

附录 5 水果刨压印弯曲模装配图……117

附录 6 水果刨刃口磨削夹具装配图……118

附录 7 常用模具材料摘录 ········ 119
附录 8 常用冲压材料摘录 ········ 120
附录 9 常用冲压标准件摘录 ········ 123
附 9.1 压入式模柄 ········ 123
附 9.2 凸缘式模柄 ········ 125
附 9.3 圆柱头直杆圆凸模（摘自 JB/T 5825—2008） ········ 126
附 9.4 上模座、下模座 ········ 127
附录 10 常用冲压设备摘录 ········ 132
附录 11 公差配合国家标准摘录（摘自 GB/T 1800.2—2009） ········ 133
附录 12 冲压安全操作规程 ········ 134

参考文献 ········ 136

项目 1 初识冷冲压及冷冲压模具

>>>>

◎ **项目描述**

学习冷冲压，首先要了解冷冲压的概念和加工特点，理解各冲压工序特征；认识典型冷冲压模具的结构组成，重点识别冲裁模结构；了解冷冲压模具（如凸模、凹模）的常用材料；熟悉冷冲压模具的常用标准件。

◎ **知识目标**

1. 理解冷冲压的概念、特点。
2. 理解冷冲压的加工工序方法。
3. 掌握常用模具材料及热处理。
4. 掌握模具标准件的选用方法。
5. 了解冷冲压加工的应用范围。

◎ **技能目标**

1. 能辨识冷冲压加工的产品。
2. 能区分冷冲压的加工工序类型。
3. 能辨识冷冲压模具的结构。

任务1.1 认识冷冲压

◎ 任务描述

冷冲压是一种先进的金属加工方法，与切削加工比较，具有一系列优点，特别适合大量生产。冷冲压工艺大致分为分离工序与成形工序两大类。

◎ 任务目标

1. 能辨识冷冲压加工的产品。
2. 能区分冷冲压的加工工序类型。

微课：认识冷冲压

1.1.1 冷冲压的概念、特点

1. 冷冲压的概念

冷冲压是在常温下利用装在压力机上的模具对板料施加外力，使其产生塑性变形或分离，从而获得一定形状、尺寸和性能制件的一种加工方法。

冷冲压加工的实施条件为压力机、模具、材料的状态和形状。

冷冲压加工的性质为压力加工。

2. 冷冲压加工的特点

1）生产率高，操作简单，容易实现机械化和自动化，特别适用于成批大量生产。
2）冲压零件表面光洁，尺寸精度稳定，互换性好，成本低廉。
3）在材料消耗不多的情况下，可以获得强度高、刚度大、质量轻的零件。
4）可得到其他加工方法难以加工或无法加工的复杂形状零件。

1.1.2 冷冲压工艺的分类

当前在生产中所采用的冷冲压工艺方法是多种多样的，概括起来可分为分离工序和成形工序两大类。常见的分离工序见表 1-1，常见的成形工序见表 1-2。

表 1-1 常见的分离工序

序号	工序名称	工序简图	特点
1	落料	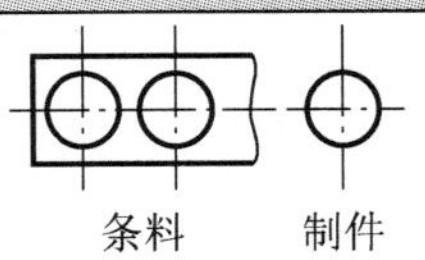	沿封闭的轮廓线将制件或毛坯与板料分离，封闭曲线以内的部分作为制件时称为落料

续表

序号	工序名称	工序简图	特点
2	冲孔	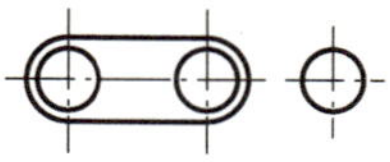 制件　废料	沿封闭的轮廓线将制件或毛坯与板料分离，封闭曲线以外的部分作为制件时称为冲孔
3	切断	 废料　制件	将板料沿不封闭的轮廓线分离成制件或工序件的冲压工序
4	切边	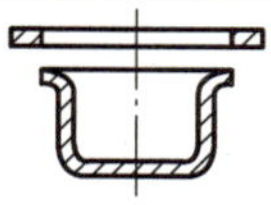	切去成形制件多余边缘材料的分离工序
5	切舌	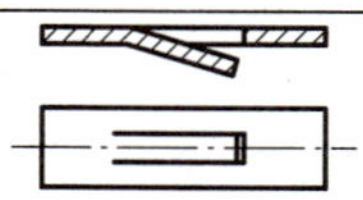	沿不封闭的轮廓将部分材料切开并使其下弯的冲压工序

表 1-2　常见的成形工序

序号	工序名称	工序简图	特点
1	弯曲	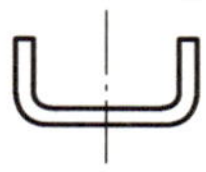	将毛坯或半成品制件沿弯曲线弯成一定角度和形状的成形工序
2	卷边	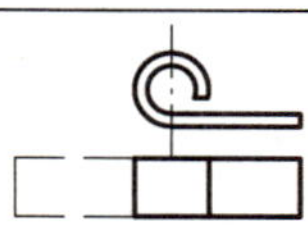	把板料或线料端部弯曲成接近封闭圆形的冲压工序
3	拉深	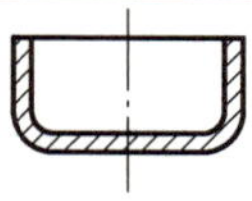	把板料拉压成空心体或者把空心体拉压成外形更小的空心体的制件的冲压工序
4	翻孔	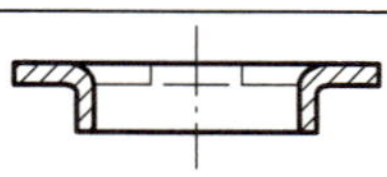	在预先制孔的半成品上或未经制孔的板料上冲制出竖立孔边的冲压工序
5	缩口	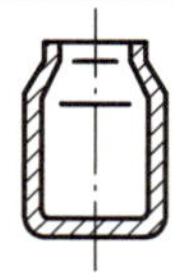	使空心毛坯或管状毛坯端部的径向尺寸缩小的冲压工序
6	胀形	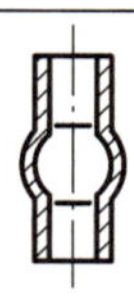	使空心毛坯内部在双向拉应力作用下，产生塑性变形，取得凸肚形制件的冲压工序

冷冲压加工技术应用范围非常广泛，冲压加工的零件随处可见。小的如各玩具小五金、各种刀叉等餐具、厨具零件、手上戴的戒指、手表里的大部分零件、衣服上的拉链和铜扣等零件，大的如汽车上的车门、车顶、翼子板、飞机机身等零件。

这些用品简单的用一套模具一次即可完成，复杂的则需几个工序，甚至数套模具来完成，但其加工的速度仍是其他加工方法所不及的。

任务 1.2 认识冷冲压模具

◎ 任务描述

冷冲压最重要的工艺装备是冷冲压模具，冷冲压模具能使金属材料变形。因此，冲压件基本上保持了模具工作部分的形状和尺寸精度。只要冷冲压模具精度高，就可以冲制出精度高、尺寸稳定、互换性好的冲压件。由于冲压件形状、大小、批量、尺寸精度、用途等各不相同，因此需要不同类型、结构的冷冲压模具。

微课：冲压模的类型及冲裁模的组成

◎ 任务目标

1. 了解冷冲压模具的分类。
2. 理解冷冲压模具的结构。

1.2.1 冷冲压模具的分类

根据模具完成的冲压工序内容不同，结构和类型不同，模具的分类方法也不同。

1）按工序性质分类，常用的有四种，即冲裁模、弯曲模、拉深模、挤压模，其中冲裁模又可分为落料模、冲孔模、切边模等。

2）按工序的组合程度分类，有单工序模、复合模、级进模等。

3）按上、下模的导向方式分类，有无导向模、导板模、导柱模等。

4）按模具的机械化程度分类，有手工冲模、半自动冲模和自动模。

1.2.2 冷冲压模具的结构

冲压件的形式各种各样，生产各种式样冲压件的模具结构也不同，但模具的基本结构大体上是相似的。图 1-1 所示为一副单工序落料模，该模具分上模和下模两部分。上模一般固定在压力机的滑块上，并随滑块一起运动，上模由模柄 8、防转销 9、上模座 13、凸模垫板 14、落料凸模 10、凸模固定板 15、卸料螺钉 6、卸料橡胶 4、卸料板 16、内六角圆柱头螺钉 7、固定销 11 等组成。下模固定在压力机的工作台上，下模由落料凹模 17、导料销 3、下模座 1、挡料销 20、内六角圆柱头螺钉 18、固定销 19 组成。该模具的上模通过模柄 8 与压力机的滑块相连接，下模放置在压力机的工作台面上，用压板螺钉紧固。工作时将条料沿导料销送到挡料销 20 处，开动压力机，上模随滑块下行，凸模与凹模对条料冲压，使材料分离，冲出冲裁件。

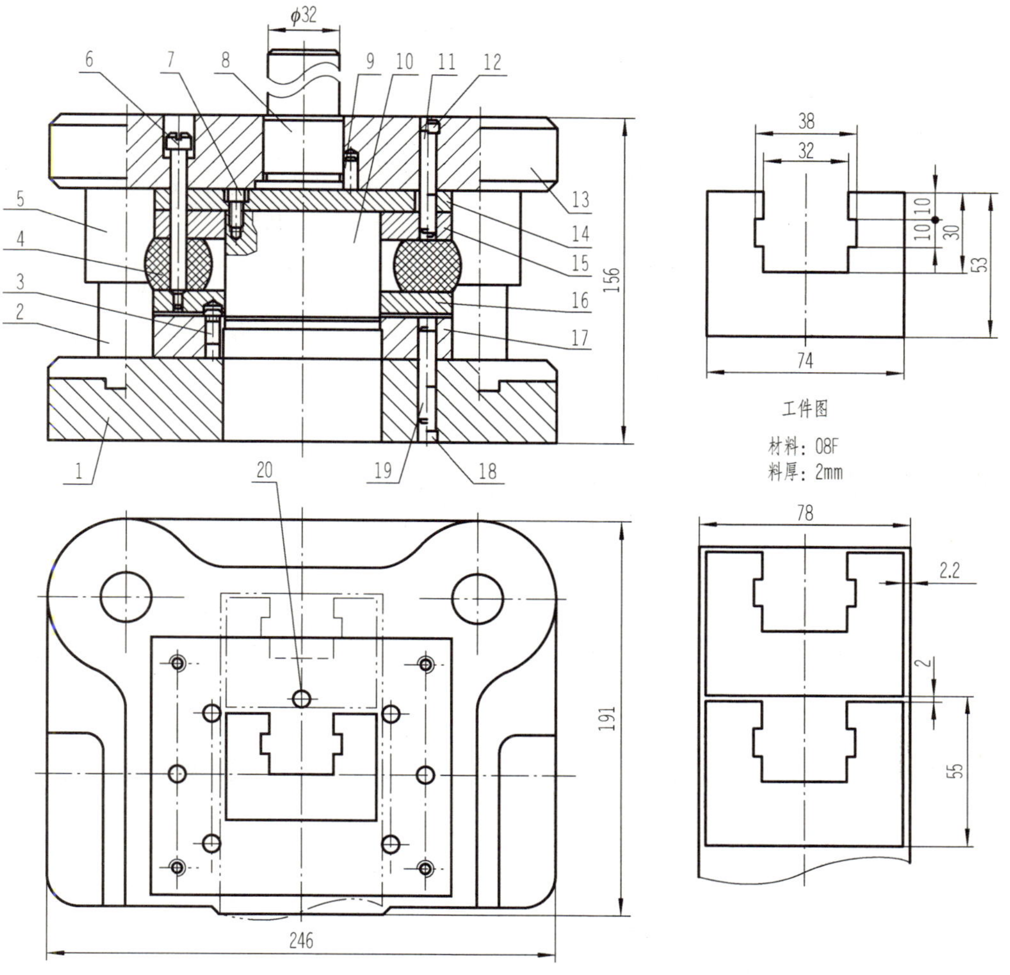

图 1-1　单工序落料模

1—下模座；2—导柱；3—导料销；4—卸料橡胶；5—导套；6—卸料螺钉；7、12、18—内六角圆柱头螺钉；8—模柄；9—防转销；10—落料凸模；11—固定销；13—上模座；14—凸模垫板；15—凸模固定板；16—卸料板；17—落料凹模； 19—固定销；20—挡料销

从图 1-1 所示的单工序落料模装配图中可看出，冷冲压模具的结构大致可分为以下几部分。

1）模具工作部分。能按要求直接冲出冲压件的形状、尺寸和精度，如落料凸模 10 和落料凹模 17。

2）模具定位部分。能将条料或单个毛坯件引导到模具中确定位置，如导料销 3 和挡料销 20。

3）模具卸料部分。在冲压后能将卡在模具中的工件或废料从模具中卸出，如卸料板 16、卸料螺钉 6 和卸料橡胶 4。

4）模具导向部分。保证模具各相对运动部位都具有正确的位置和良好的运动状态，如导柱 2 和导套 5，能保证上、下模部分的相对位置准确，即保证该模具中凸模和凹模的间隙均匀。

5）模具支承零部件。能把成形零件、卸料零件和定位零件等连接并固定，构成模具的整体，如上模座 13、下模座 1、凸模垫板 14 和凸模固定板 15 等。

6）紧固与定位零件。能把模具中的各零件定位并紧固，如固定销 11 和 19、内六角圆柱头螺钉 12 和 18、防转销 9 等。

任务 1.3 认识冷冲压模具的常用材料

◎ 任务描述

冷冲压模具种类较多，结构复杂，在工作中受到拉伸、压缩、弯曲、冲击、摩擦等机械力的作用，常产生断裂、变形、磨损、咬合等失效形式。因此，冷冲压模具材料应具有抗变形、抗断裂、抗软化、抗咬合、耐疲劳等使用性能。同时为了便于冷冲压模具的制造，冷冲压模具材料还应具有良好的加工工艺性能。

◎ 任务目标

1. 了解冷冲压模具的工作特点及对模具材料的性能要求。
2. 掌握冷冲压模具的常用材料。
3. 能进行冷冲压模具材料的选用。

1.3.1 冷冲压模具工作零件的材料

模具工作零件所用材料应比其他零件所用材料的性能要求高，一般来说，对于形状简单、冲压件尺寸不大的模具工作零件，常用碳素工具钢制造；对于形状复杂、冲压件尺寸较大的模具工作零件，常用合金工具钢或高速工具钢制造；对于冲压件精度或模具寿命要求较高的模具工作零件，常用硬质合金或钢结合金制造；对于大型模具（如汽车覆盖件冲模）的工作零件，常用普通铸铁或合金铸铁制造，有的还在刃口部分加以堆焊强化。冲压模具工作零件材料的选用及硬度要求见表 1-3。

表 1-3　冲压模具工作零件材料的选用及硬度要求

<table>
<tr><th>模具名称</th><th>用途</th><th>凸、凹模材料</th><th>热处理后硬度（HRC）</th></tr>
<tr><td rowspan="5">分离工序类模具</td><td>形状简单且尺寸小</td><td>T8A、T10A、9Mn2V、CrWMn、GCr15、9SiCr</td><td>58～62</td></tr>
<tr><td>形状复杂且尺寸大</td><td>CrWMn、Cr12、Cr12MoV、Cr6WV</td><td>58～62</td></tr>
<tr><td>硅钢片冲模</td><td>Cr12MoV、Cr4W2MoV</td><td>50～62</td></tr>
<tr><td>精密冲裁模</td><td>Cr12MoV、W18Cr4V</td><td>58～62</td></tr>
<tr><td>镶块组合模</td><td>T10A、9Mn2V、Cr12MoV</td><td>58～62</td></tr>
<tr><td rowspan="3">成形工序模具及大型模具</td><td>弯曲模等</td><td>T10A、Cr12、9Mn2V、Cr12Mo、Cr12MoV、Cr6WV</td><td>58～62</td></tr>
<tr><td>拉深、卷边、胀形模等</td><td>Cr12、CrWMn、Cr12MoV、Cr6WV</td><td>58～62</td></tr>
<tr><td>汽车覆盖件冲模等</td><td>普通铸铁、铸钢（如 HT250、ZG270-500 等）、合金铸铁（如铜铬铸铁、钼钒铸铁、铜钼钒铸铁）</td><td>45～50</td></tr>
</table>

当冲压件的生产钢领为大批量生产或同时要求其精度较高时，冷冲压模具工作零件往往选用硬质合金。虽然硬质合金比工具钢材料价格高，但硬质合金与工具钢相比，具有硬度高、耐磨性好、抗压强度高、弹性模量大、变形量小、不存在热处理问题等优点，因此硬质合金模的寿命长、耐磨性好、硬度稳定并能保持高精度，从而降低了总的生产成本。硬质合金的牌号及性能见表 1-4。

表 1-4　硬质合金的牌号及性能

<table>
<tr><th rowspan="2">硬质合金的牌号</th><th rowspan="2" colspan="3">用途</th><th colspan="2">化学成分/（质量分数，%）</th><th colspan="3">力学性能</th></tr>
<tr><th>碳化钨</th><th>钴</th><th>抗弯强度/MPa</th><th>硬度 HRA（HRC）</th><th>抗压强度/MPa</th></tr>
<tr><td>YG6</td><td rowspan="3">单加工</td><td></td><td></td><td>94</td><td>6</td><td>1400</td><td>89.5（>72）</td><td>4600</td></tr>
<tr><td>YG8</td><td rowspan="4">拉深</td><td></td><td>92</td><td>8</td><td>1500</td><td>89（72）</td><td>4470</td></tr>
<tr><td>YG11</td><td rowspan="4">冲裁</td><td>89</td><td>11</td><td>1800</td><td>88（>69）</td><td>—</td></tr>
<tr><td>YG15</td><td></td><td>85</td><td>15</td><td>1900</td><td>87（69）</td><td>—</td></tr>
<tr><td>YG20</td><td></td><td>80</td><td>20</td><td>2600</td><td>85.5（>65）</td><td>—</td></tr>
<tr><td>YG25</td><td></td><td></td><td>75</td><td>25</td><td>2700</td><td>85（65）</td><td>—</td></tr>
</table>

1.3.2　新型冷冲压模具钢

随着科技的不断发展及新型材料的不断出现，模具材料的应用也得到了极大的完善。下面介绍几种常用的新型冷冲压模具钢。

1. 钢结硬质合金

钢结硬质合金是以碳化钛或碳化钨为硬质相，以合金钢为基体，用烧结方法制成的一种材料。它既有一般合金工具钢的可锻造、切削加工、热处理及焊接性能，又具有硬质合金高硬度、高耐磨性等优点，且使用寿命长，为普通合金工具钢的数十倍，甚至数百倍。

2. 65Nb 钢

65Nb 钢是 6Cr4W3Mo2VNb 的代号。它具有高韧性、加工工艺性好、寿命长的特点。与 65Nb 钢属同一级别的新型冷冲压模具钢，还有 LD、012AL 等钢种。

3. GD 钢

GD 钢是针对传统的 CrWMn 和 Cr12 型模具钢的强韧性不足、容易崩刃或断裂、造成早期失效的问题而开发研制的新型冷冲压模具钢。GD 钢与 65Nb、LD 钢相比，具有价格较低、工艺性能较好的优点。

4. 稀土模具钢

稀土模具钢是指模具钢在其冶炼或重熔过程中加入稀土元素处理而成的新型模具钢。稀土模具钢大大提高了模具寿命，因而取得了明显的经济效益。

1.3.3 冷冲压模具其他零件的材料

冷冲压模具其他零件材料的牌号和硬度要求见表 1-5。

表 1-5 冷冲压模具其他零件材料的牌号和硬度要求

模具名称		材料牌号	热处理后硬度（HRC）
上、下模座（板）		HT200～HT400、Q235、Q275、45、ZG230-450、ZG270-500	时效、调质处理，20～32
模柄		45、Q235、Q275	—
导柱、导套	滑动	10～20 导柱渗碳淬火	60～62
	滚动	GCr15 导套	58～62
固定板、卸料板、侧压板、顶板、承料板等		45、Q235、Q275	—
垫板		45	43～48
		T8A	54～58
定位板		45	43～48
		T8A	54～58
顶杆、推杆、打杆、挡料板、挡料钉等		45	43～48
压边圈		45、T8A、T10A	48～52
侧刃、废料切刀、斜楔、滑块、导向块（导头）等		T8、T8A、T10、T10A	58～62
护套、衬板		Q235、20	—
弹簧、簧片		65Mn、60Si2Mn	43～48
螺母、垫圈		Q235	—
销、螺钉、螺栓		45	43～48
		Q235	

任务1.4　认识冷冲压模具的常用标准件

◎ 任务描述

模具的标准化程度越高，冲压加工的制件精度也越高，而模具加工周期反而越短。模具制造只有实现标准化，才能使模具和模具零件生产实现专业化、商品化，从而降低模具成本和加工周期。世界主要工业国的模具标准化生产程度达80%，模具制造厂只需设计制造模具工作零件，大部分模具零件均从模具标准件厂购买，从而使生产效率大幅度提高。模具制造厂专业程度越来越高，分工越来越细，而规模越来越小。形状简单的圆形冲裁件的模具，从凸模、凹模工作零件到模架等的基础件都已标准化。一般的冷冲压模具，如模架、模柄、圆凹模、圆凸模、挡料销、导正销、定位销、螺钉、销钉等都已标准化，本任务主要介绍模架、模柄、螺钉与销钉。

◎ 任务目标

1. 了解冷冲压模架的种类和结构。
2. 了解模柄、螺钉与销钉的种类和结构。
3. 能进行相关标准件的选用。

1.4.1　模架

模架是模具的基础零件，由上、下模座和导柱、导套组成，其作用是将模具的各零件连接起来构成模具整体，并在冲压时确保上、下模的准确位置。目前的标准模架（GB/T 2851—2008《冲模滑动导向模架》、GB/T 2852—2008《冲模滚动导向模架》），主要有滑动导向模架和滚动导向模架。滑动导向模架中，导柱与下模座、导套与上模座为过盈配合（H7/r6），导柱与导套为间隙配合（H7/h6，H6/h5）。滑动导向模架结构简单、使用方便，因此应用较多，尤其适用于精度不高的五金模具中。滚动导向模架与滑块导向模架的不同点是在导柱与导套之间按规律设置了许多滚珠，滚珠在导柱与导套之间有较小的过盈量，因此滚动导向模架具有导向精度高、耐磨性好的特点，目前多用于精密、多工位、高速冷冲压模具中。

按导柱在模座中的位置不同，模架可分为后侧导柱模架、对角导柱模架、中间导柱模架和四角导柱模架，如图1-2所示。图1-2（a）为后侧导柱模架，两个导柱装在后侧，可以纵向、横向送料，操作方便，但冲压时容易引起偏心距而使模具歪斜，因此适用于冲压中等精度的较小尺寸冲压件的模具，大型冲压模具不宜采用。图 1-2（b）为对角导柱模架，两个导柱装在对角线上，便于纵向或横向送料。由于导柱装在模具中心对称位置，冲压时可防止由于偏心矩而引起的模具歪斜，适用于一般精度冲压件的冲裁模或级进模。图 1-2（c）为中间导柱模架，适用于纵向送料和由单个毛坯冲制的较精密的冲压件。图 1-2（d）为四角导柱模架，4 个导柱冲模的导向性能最好，适用于冲制比较精密的冲压件。

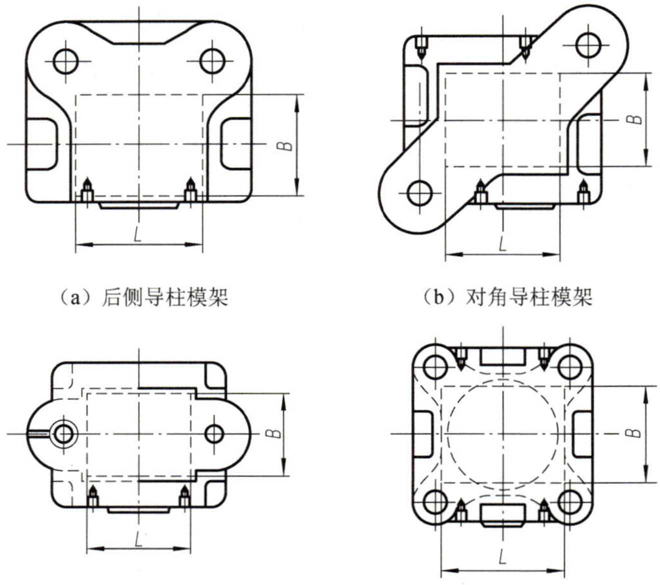

（a）后侧导柱模架　（b）对角导柱模架

（c）中间导柱模架　（d）四角导柱模架

图 1-2　模架

1.4.2　模柄

模柄是上模与压力机滑块连接的零件。

中、小型模具一般通过模柄将上模固定在压力机滑块上。对它的要求如下：①要与压力机滑块上的模柄孔正确配合，安装可靠；②要与上模正确而可靠地连接。JB/T 7646.1—2008《冲模模柄 第 1 部分：压入式模柄》、JB/T 7646.2—2008《冲模模柄 第 2 部分：旋入式模柄》、JB/T 7646.3—2008《冲模模柄 第 3 部分：凸缘模柄》、JB/T 7646.4—2008《冲模模柄 第 4 部分：槽形模柄》、JB/T 7646.5—2008《冲模模柄 第 5 部分：浮动模柄》、JB/T 7646.6—2008《冲模模柄 第 6 部分：推入式活动模柄》中的模柄结构形式如图 1-3 所示。

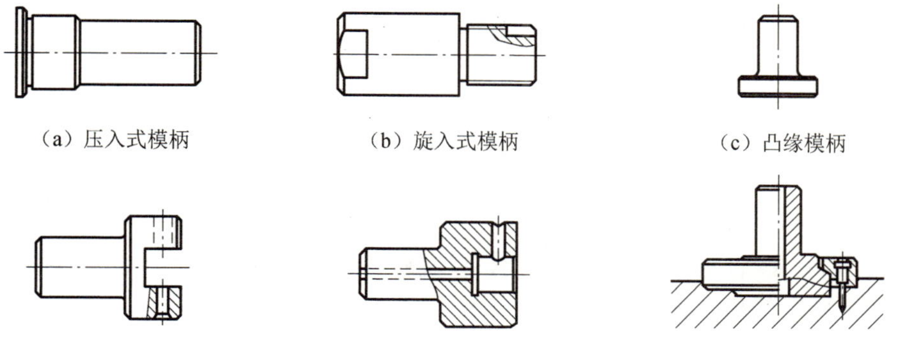
(a) 压入式模柄　(b) 旋入式模柄　(c) 凸缘模柄
(d) 槽形模柄　(e) 通用模柄　(f) 浮动模柄

图 1-3　模柄

图 1-3 (a) 为压入式模柄，它与模座孔采用 H7/m6、H7/h6 配合并加防转销。这种模柄可较好地保证模柄轴线与上模座的垂直度，主要用于上模座较厚而又没有开设推板孔或上模比较重的场合。

图 1-3 (b) 为旋入式模柄，通过螺纹与上模座连接，并加骑缝螺钉防止松动。这种模具拆装方便，但模柄轴线与上模座的垂直度较差，多用于有导柱的中、小型冷冲压模具。

图 1-3 (c) 为凸缘模柄，它用 3 或 4 个螺钉紧固于上模座，模柄的凸缘与上模座的窝孔采用 H7/js6 过渡配合。这种模柄多用于较大型的模具或上模座中开设推板孔的中、小型冷冲压模具。

图 1-3 (d)、(e) 为槽型模柄和通用模柄，均用于直接固定凸模，也可称为带模座的模柄，主要用于简单模中，优点是更换凸模方便。

图 1-3 (f) 为浮动模柄，主要特点是压力机的压力通过凹球面模柄和凸球面垫块传递到上模，以消除压力机导向误差对模具导向精度的影响。这种模柄主要用于硬质合金模和精密导柱模。

总之，应根据模具大小、上模的具体结构、模具复杂性及模架精度等因素选择模柄的结构形式。

1.4.3　螺钉与销钉

螺钉与销钉都是标准件，设计时按国家标准选用即可。螺钉用于固定模具零件，而销钉则起定位作用。模具中广泛应用的是内六角沉头螺钉和圆柱销钉，其中 M6～M12 的螺钉和 ϕ6mm～ϕ12mm 的销钉最为常用。

在模具设计中，选用螺钉、销钉应注意以下几点。

螺钉要均匀布置，尽量置于被固定件的外形轮廓附近。当被固定件为圆形时，一般采用 3 或 4 个螺钉；当被固定件为矩形时，一般采用 4～6 个螺钉。销钉一般都用两个，且尽量远距离错开布置，以保证定位可靠。螺钉的大小应根据凹模厚度选择，可参照表 1-6。

表 1-6　螺钉的选用　　（单位：mm）

凹模厚度	≤13	13（不包含）～16	19（不包含）～25	25（不包含）～32	>35
螺钉直径	M4、M5	M5、M6	M6、M8	M8、M10	M10、M12

螺钉之间、螺钉与销钉之间的距离，以及螺钉、销钉距刃口及外边缘的距离，均不应过小，以防降低模具强度。

内六角圆柱头螺钉通过孔及其螺钉装配尺寸应合理。

连接件的销孔应配合加工，以保证位置精度，销钉孔与销钉常采用 H7/m6 或 H7/n6 过渡配合。

思考与练习

1．简述冷冲压的定义。
2．简述冷冲压加工的特点。
3．简述冷冲压工序的特点。
4．简述冷冲压模具的分类。
5．简述冷冲压模具的结构。
6．冷冲压模具材料应具备哪些性能？
7．常用冷冲压模具材料有哪几类？
8．小批量生产垫圈的冷冲压模具工作零件应选用什么材料？
9．为什么说模具零件标准化是降低模具成本和加工周期的主要途径？
10．冷冲压模架有哪几种形式？各适用于什么模具？
11．模柄的作用是什么？有哪几种结构形式？

项目 2 制造水果刨落料模零件

>>>>

◎ 项目描述

参加实训的同学在掌握了一定的操作技能后，都喜欢自己动手做一些小玩意，如小挂件、小装饰品等。也经常有动手能力强的人做出精美的水果刨，挂在钥匙圈上，方便携带使用。本项目要制造的是水果刨的模具，并通过模具生产出水果刨，有信心吗？当然，要制造的仅仅是生产水果刨的第一副简单模具——落料模。完整的单工序水果刨模具有落料模、冲孔模和切舌模，最后还要修磨刃口，才能完成水果刨的制作。通过水果刨落料模的制造，不仅可以使学生掌握单工序落料模的制造工艺和方法，而且可以举一反三，完成其他配套水果刨模具的制造。

◎ 知识目标

1. 认识模具装配图，了解模具的工作原理。
2. 了解模具制造实训车间的安全操作规程及劳动保护用品的穿戴规定。
3. 了解不同模具零件使用的常规材料和标准件。
4. 了解模具零件制造的一般工艺过程。

◎ 技能目标

1. 能执行钳工及相关工种的安全操作规程。
2. 能执行模具零件机加工工艺。
3. 能运用普通铣床、磨床、特种加工机床加工模具零件。
4. 能综合运用钳加工技能装配出合格的模具。

任务 2.1 认识水果刨落料模的装配图

◎ 任务描述

前面已经学习过机械制图，进行了机械零件的测绘等练习，学生有了一定的基础。识读水果刨落料模的装配图，能够使学生理解单工序落料模的结构与工作原理、各模具零件的作用及使用的材料。

◎ 任务目标

1. 了解水果刨落料模的结构和工作原理。
2. 了解水果刨落料模主要零件的作用及技术要求。

2.1.1 识读水果刨落料模

水果刨落料模的装配图如图 2-1 所示。

如图 2-1 所示，这是一副后侧导柱模架的落料模，由 24 种不同规格的零件组成，将这些零件按构成元素的功能分成两大类：工艺零件和结构零件。工艺零件包括工作零件、定位零件、压料和卸料零件。其中，工作零件包括落料凸模、落料凹模；定位零件包括导料板、挡料销等；压料和卸料零件包括卸料板、卸料橡胶、卸料螺钉等。结构零件包括导向零件、支承零件、紧固与定位零件。其中，导向零件包括导柱、导套；支承零件包括上模板、下模板、模柄、凸模固定板、凸模垫板；紧固与定位零件包括螺钉、销钉等。具体见表 2-1。

从图 2-1 可以看出，上模座、下模座、导柱、导套组成一副标准模架；上模座 6 的上面装有模柄，下面装有凸模及凸模垫板；四个卸料螺钉把卸料橡胶、卸料板与上模座连接在一起形成落料模的上模部分；下模座上装有凹模、导料板、挡料销，形成下模部分。模具工作时，模具安装在冲床上，上模通过模柄与冲床滑块上的模柄孔连接，下模则用压板固定在冲床工作台上。

模具的工作原理如下：开动冲床后，冲床滑块带动上模往下运动，卸料板与条料接触，卸料橡胶受力压缩，使卸料板将条料压住，落料凸模刃口进入凹模刃口将条料分离，制品进入凹模，并从漏料孔中漏出，条料留存在凸模上；滑块运动到下止点时又回到上止点，卸料橡胶在恢复原状的过程中通过卸料板把条料从凸模上卸下，完成一次工作行程。

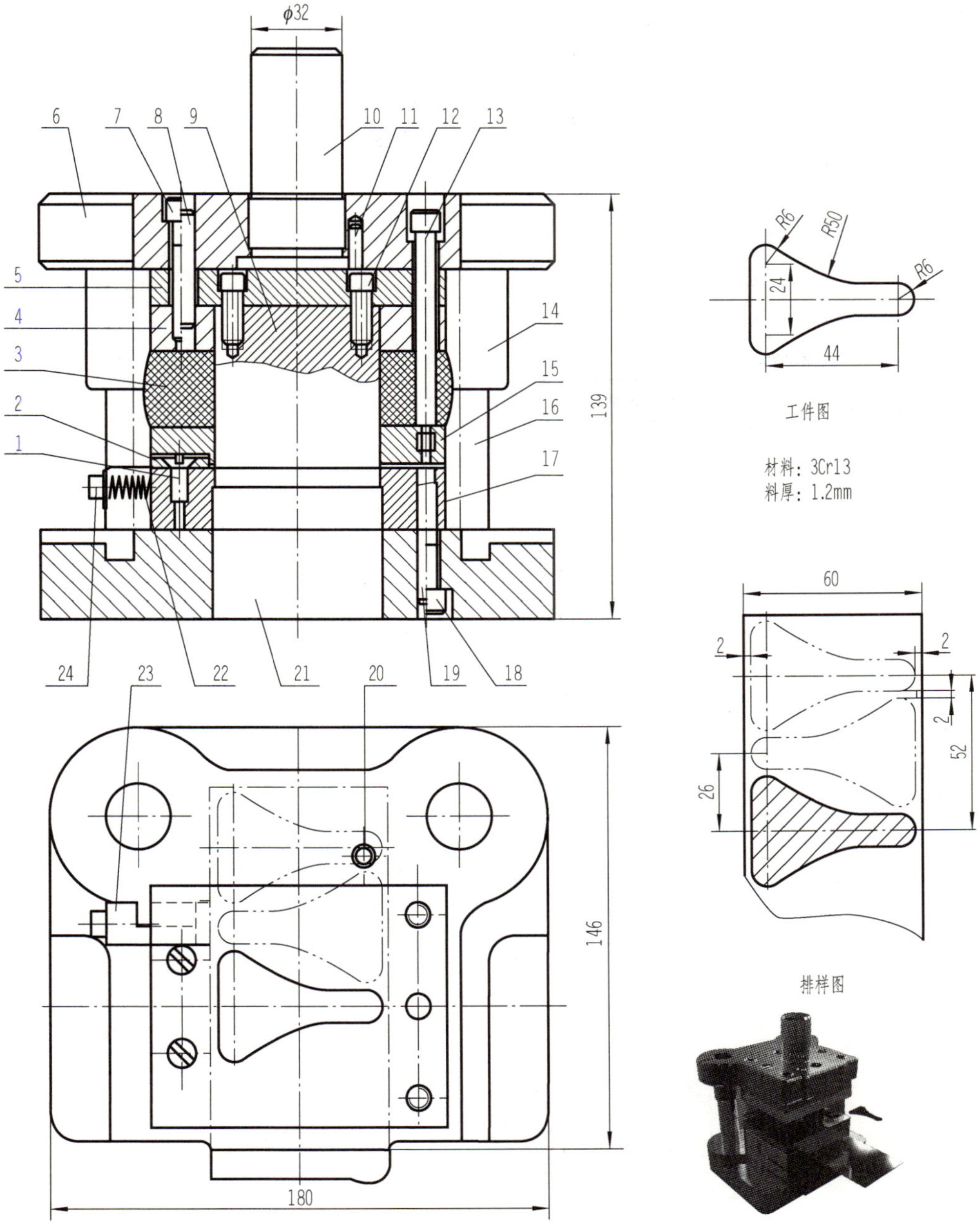

图 2-1　水果刨落料模的装配图

1—十字槽沉头螺钉；2—导料板；3—卸料橡胶；4—凸模固定板；5—凸模垫板；
6—上模座；7、12、18、24—内六角圆柱头螺钉；8—固定销；9—落料凸模；10—模柄；
11—防转销；13—卸料螺钉；14—导套；15—卸料板；16—导柱；17—落料凹模；19—固定销；
20—挡料销；21—下模座；22—压缩弹簧；23—始用挡料销

表 2-1 零件明细表

序号	代号	零件名称	材料	数量	备注
1	—	十字槽沉头螺钉 M6×15	35	2	GB/T 819.1—2016
2	SGBLLM-001-01	导料板	Q235	1	—
3	—	卸料橡胶	橡胶	4	ϕ20mm×30mm 或 20m×20m×30m
4	SGBLLM-001-02	凸模固定板	Q235	1	—
5	SGBLLM-001-03	凸模垫板	Q235	1	—
6	SGBLLM-001-04	上模座	HT200	1	GB/T 2851—2008
7	—	内六角圆柱头螺钉 M6×50	35	4	GB/T 70.1—2008
8	—	固定销 A6×40	45	2	GB/T 119.2—2000
9	SGBLLM-001-05	落料凸模	Cr12	1	HRC58～60
10	SGBLLM-001-06	模柄	45	1	—
11	—	防转销 A6×15	45	1	GB/T 119.2—2000
12	—	内六角圆柱头螺钉 M6×50	35	4	GB/T 70.1—2008
13	—	卸料螺钉（内六角圆柱头卸料螺钉）M6×70	35	4	JB/T 7650.6—2008
14	—	导套	T10A	2	GB/T 2851—2008
15	SGBLLM-001-07	卸料板	Q235	1	—
16	—	导柱	T10A	2	GB/T 2851—2008
17	SGBLLM-001-08	落料凹模	Cr12	1	HRC58～60
18	—	内六角圆柱头螺钉 M6×40	35	4	GB/T 70.1—2008
19	—	固定销 A6×40	45	2	GB/T 119.2—2000
20	—	挡料销 A6×50	45	1	GB/T 119.2—2000
21	SGBLLM-001-09	下模座	HT200	1	GB/T 2851—2008
22	—	压缩弹簧	65Mn	1	ϕ1mm
23	—	始用挡料销	Q235	1	—
24	—	内六角圆柱头螺钉 M6×8	—	1	GB/T 70.1—2008

图 2-2 所示为水果刨的排样图，该模具采用手工送料，材料是厚度为 1.2mm、宽度为 60mm 的不锈钢条料，长度可根据实际生产情况自定。冲制时，条料的一个侧面靠在导料板上，条料端面由初始定位装置定位，冲下第一个制品后，条料往前送，侧面仍然靠在导料板上，条料内的小端边缘与挡料销接触定位冲制第二个制品。接下来的操作均冲下一个制品后向前送一个步距，直至冲完条料，再翻一个面，继续冲裁。条料定位的方法如图 2-2（a）、（b）所示。

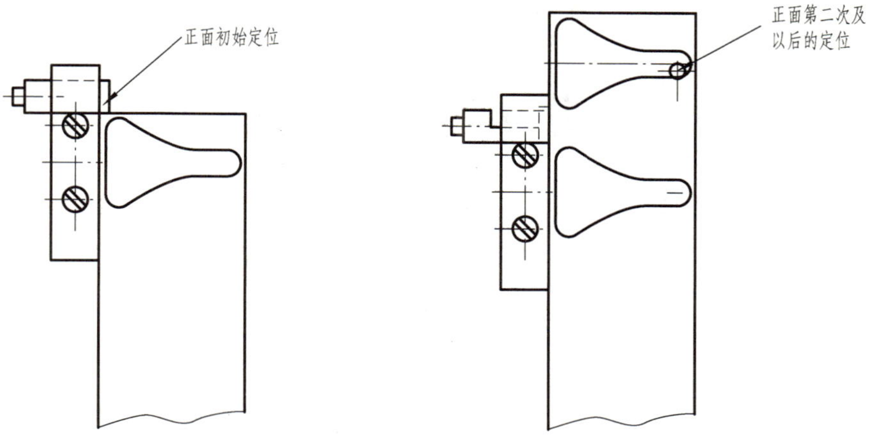

（a）条料正面冲裁时的条料定位

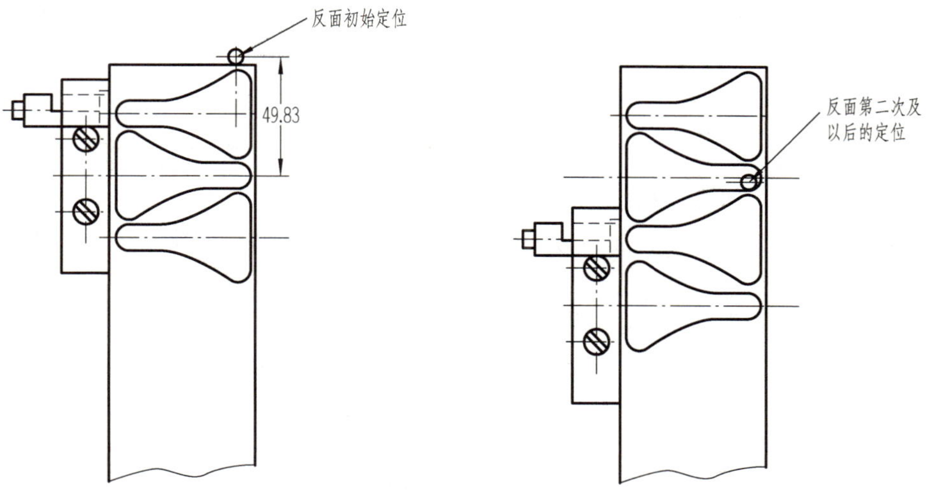

（b）条料反面冲裁时的条料定位

图 2-2　水果刨的排样图

2.1.2　水果刨落料模主要零件的作用及技术要求

1. 落料凸模

如图 2-3 所示，落料凸模是冲裁模具的主要零件，它的前端刃口与冲裁件毛坯料接触并通过与凹模的配合分离坯料完成落料，工作时承受较大的轴向力，因此，落料凸模要求有足够的刚性、耐磨性和抗振性。

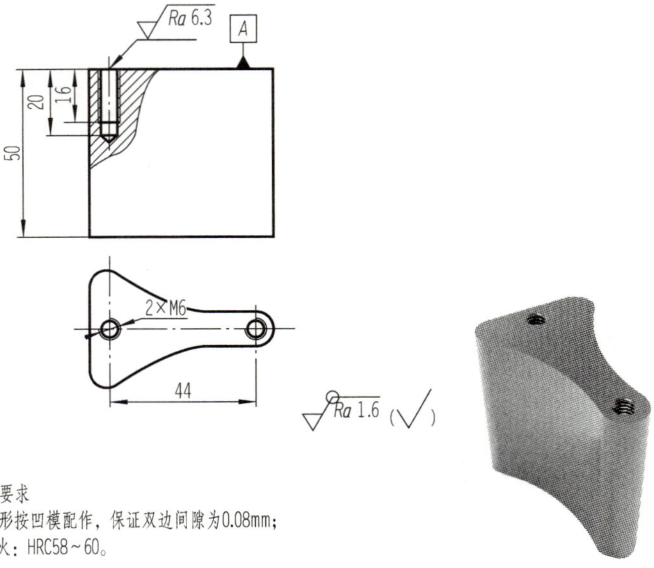

图 2-3　落料凸模的零件图

根据落料凸模零件的功用和工作条件，其技术要求主要有以下几个方面。

（1）尺寸与几何形状精度

落料凸模零件的主要表面常分为两部分：一部分是与凸模固定板的内腔配合的外表面，用于确定凸模的位置并支承凸模，尺寸与形状精度要求常为IT6～IT9；另一部分作为冲裁刃口部分，其尺寸是根据凹模的尺寸缩小一个间隙，其精度通常为IT5～IT7。本任务是加工直通式的凸模，为方便加工，上述两个部分的精度是相同的，已经在技术要求中说明。

（2）相互位置精度

位置精度包括与凸模固定板的内孔配合的外表面、冲裁刃口的重要端面对基准面的垂直度等，也已在零件图上标出。

（3）表面粗糙度

落料凸模的加工表面都有粗糙度的要求，一般根据加工的可能性和经济性来确定，其要求已经在零件图上标出。

（4）其他

热处理要求为淬火加低温回火，硬度为洛氏硬度，已经在技术要求中说明。

2. 落料凹模

如图2-4所示，落料凹模也是冲裁模具的主要零件，它的刃口与冲裁件毛坯料接触并通过与凸模的配合分离坯料完成落料，其加工精度及技术要求与落料凸模相同。凹模刃口部分的内腔是根据水果刨的外形尺寸确定的，图样中标注的公差是通过计算得到的。

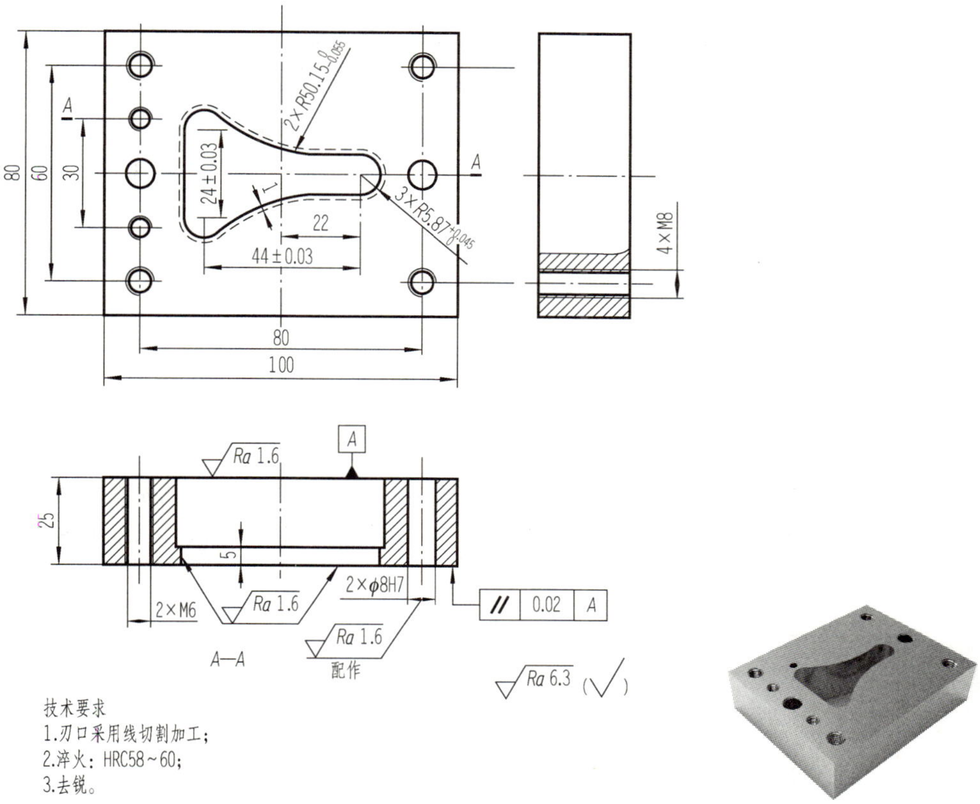

图 2-4　落料凹模的零件图

3. 凸模固定板

如图 2-5 所示，凸模固定板的型孔与凸模的形状是相同的，对于用螺钉吊装的直通式凸模，要求型孔按凸模实际尺寸配作成 H7/m6，其他加工精度与要求已经在零件图上标出。

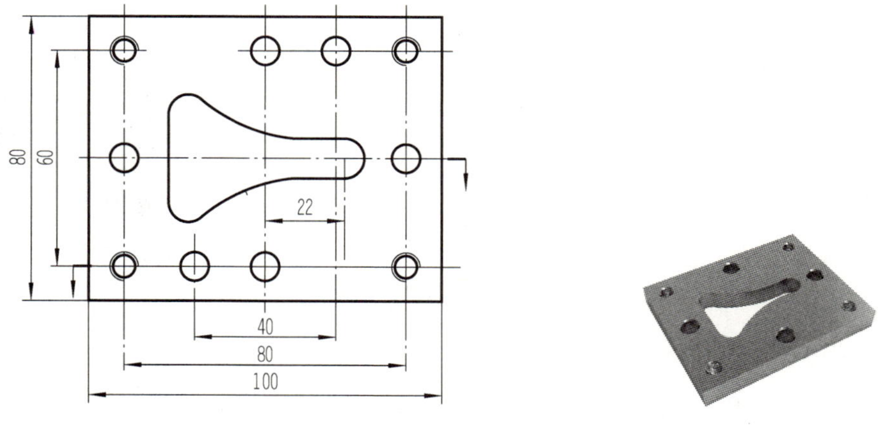

图 2-5　凸模固定板的零件图

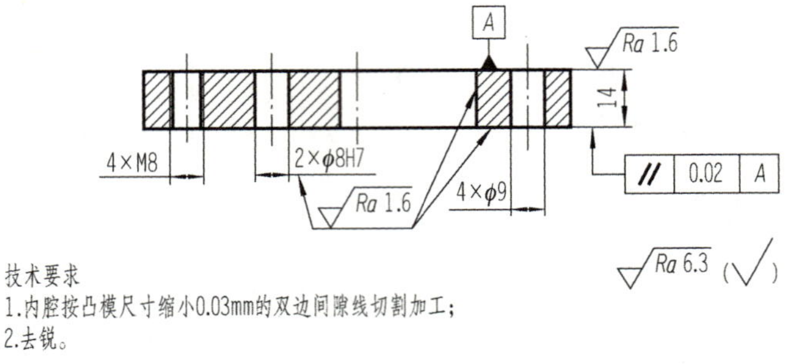

图 2-5　凸模固定板的零件图（续）

4. 凸模垫板

如图 2-1 装配图所示，在凸模固定板与上模座之间加一块垫板，可避免硬度较低的模座（或模柄）因局部受凸模较大的冲击压力而出现凹陷，致使凸模松动，同时又起到吊装凸模的作用。凸模垫板的零件图及相关技术要求如图 2-6 所示。

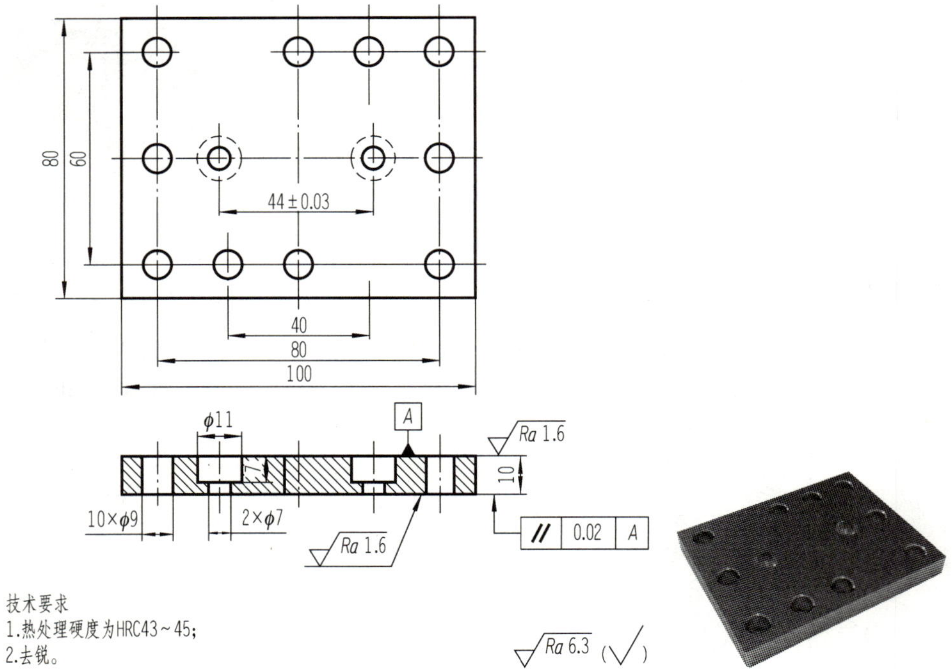

图 2-6　凸模垫板的零件图

5. 卸料板

从图 2-1 所示装配图中可以看出，弹压卸料板与弹性元件（橡胶）组成弹性卸料装置。在冲裁时，橡胶受压缩而积蓄能量，使卸料板产生压力起到压料的作用；回程时橡胶释放能量，使卸料板产生反向压力而起到卸料的作用。弹性卸料装置适用于冲裁薄料及有平整度要求的工件。卸料板型孔与凸模之间的单边间隙小于工件的板厚就能达到卸料的要求，为提高卸料的效果，间隙值应该小一些。卸料板的零件图及相关技术要求如图 2-7 所示。

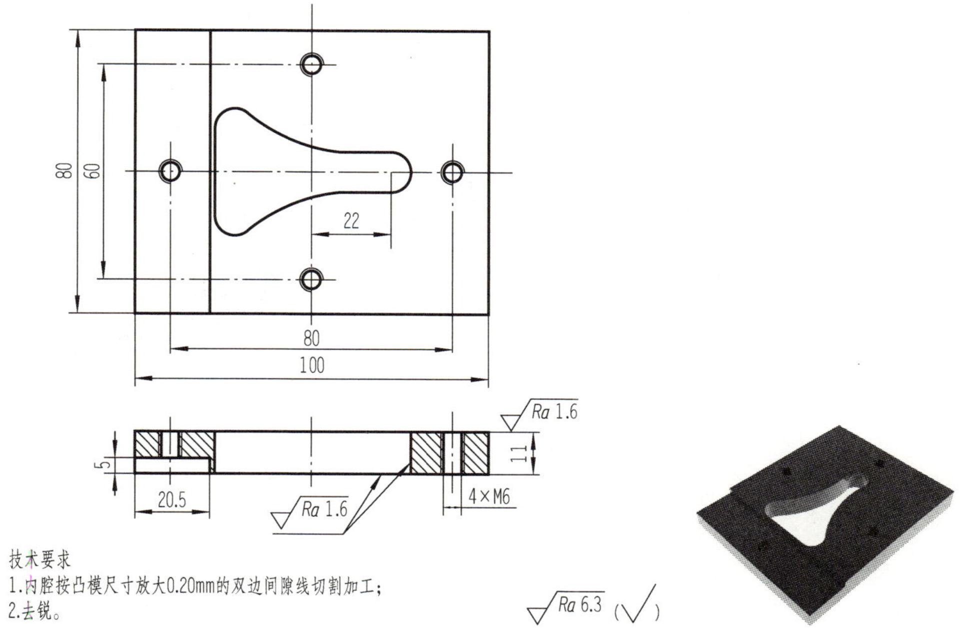

图 2-7　卸料板的零件图

6. 导料板

如图 2-8 所示，导料板是条料横向定位的元件，主要作用是保证条料的横向搭边值。导料板一般由两块组成，平行装配，本任务中的副模具只用了一块，目的是使条料宽度的下料精度不受限制。

7. 模柄

模柄的作用是将上模与压力机滑块相连接。模柄的标准类型有旋入式模柄、压入式模柄、凸缘模柄、浮动模柄、通用模柄、槽形模柄、推入式活动模柄等。图 2-9 所示为压入式模柄。压入式模柄与上模座固定端采用 H7/m6 过渡配合，并加骑缝销防止转动。

8. 上模座

图 2-10 所示的上模座是标准模架的一个零件，用于安装模柄、凸模、卸料装置等，其中的导套也是标准件，这里没有画出。

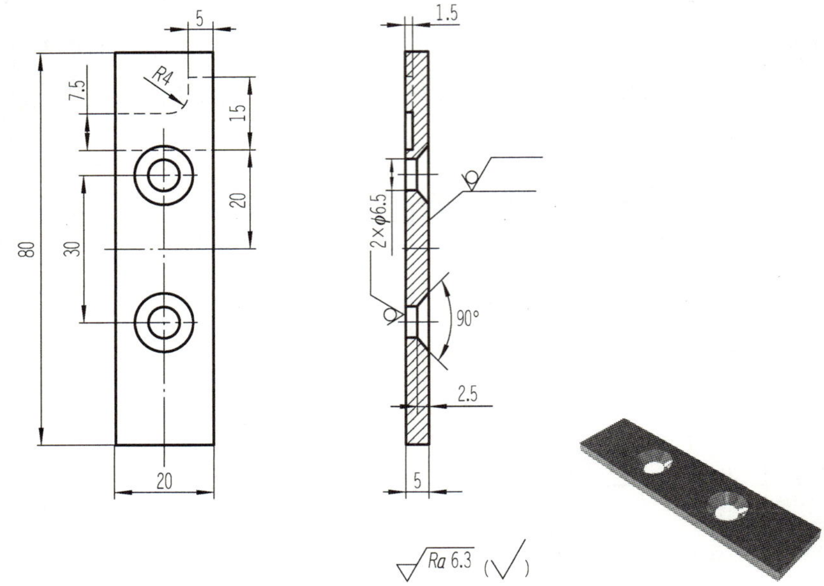

图 2-8　导料板的零件图

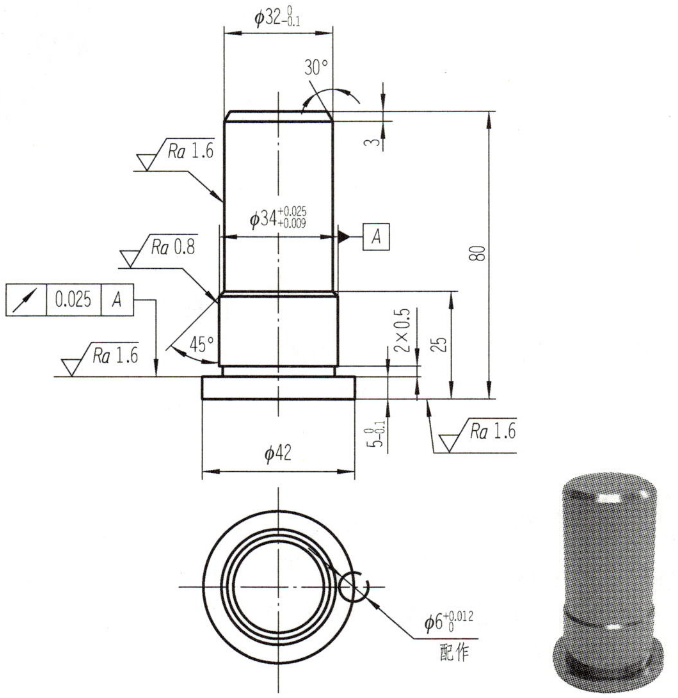

图 2-9　模柄的零件图

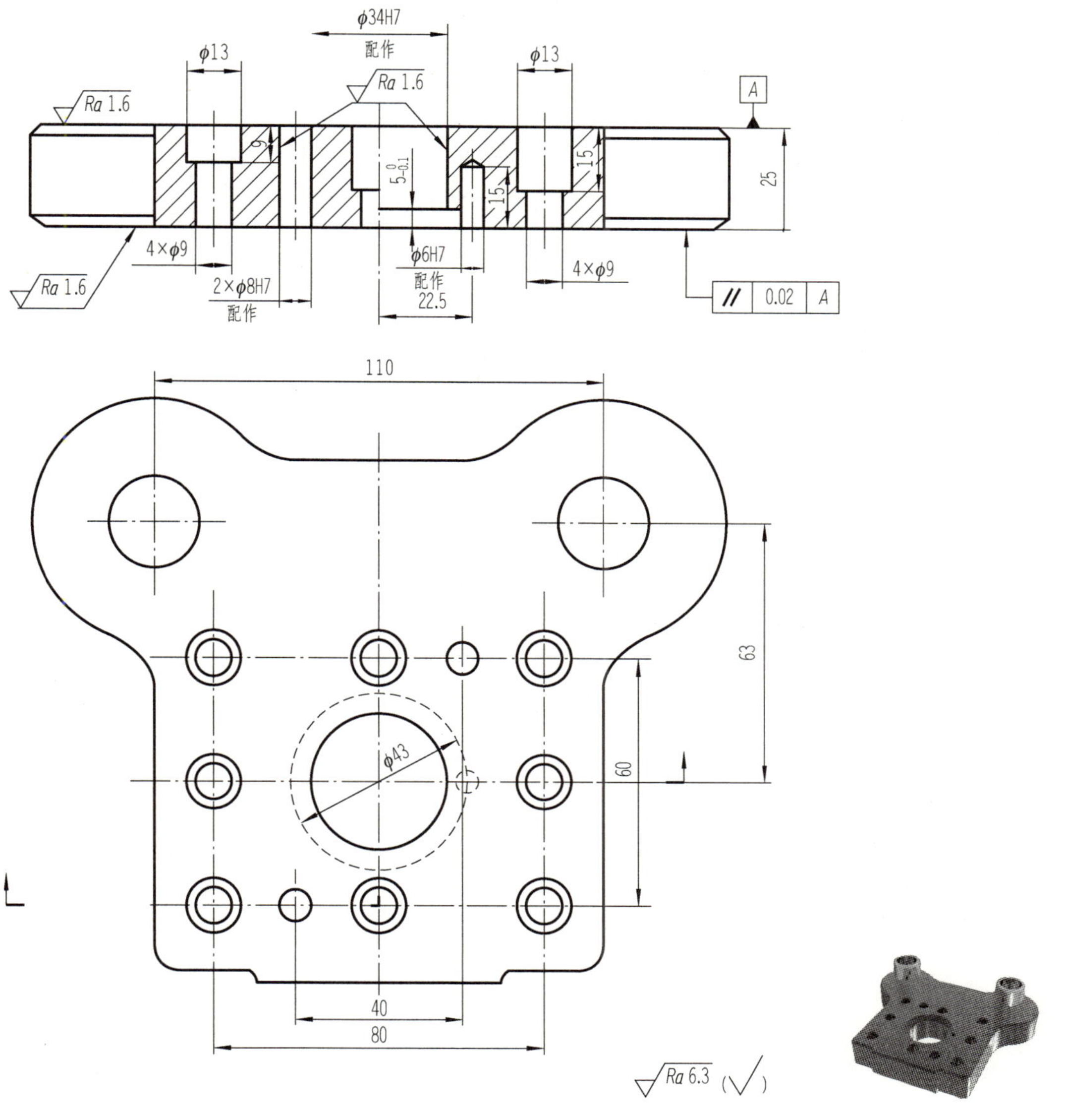

图 2-10　上模座的零件图

9．下模座

图 2-11 所示的下模座也是标准模架的一个零件，用于安装凹模，其中的导柱也是标准件，这里没有画出。

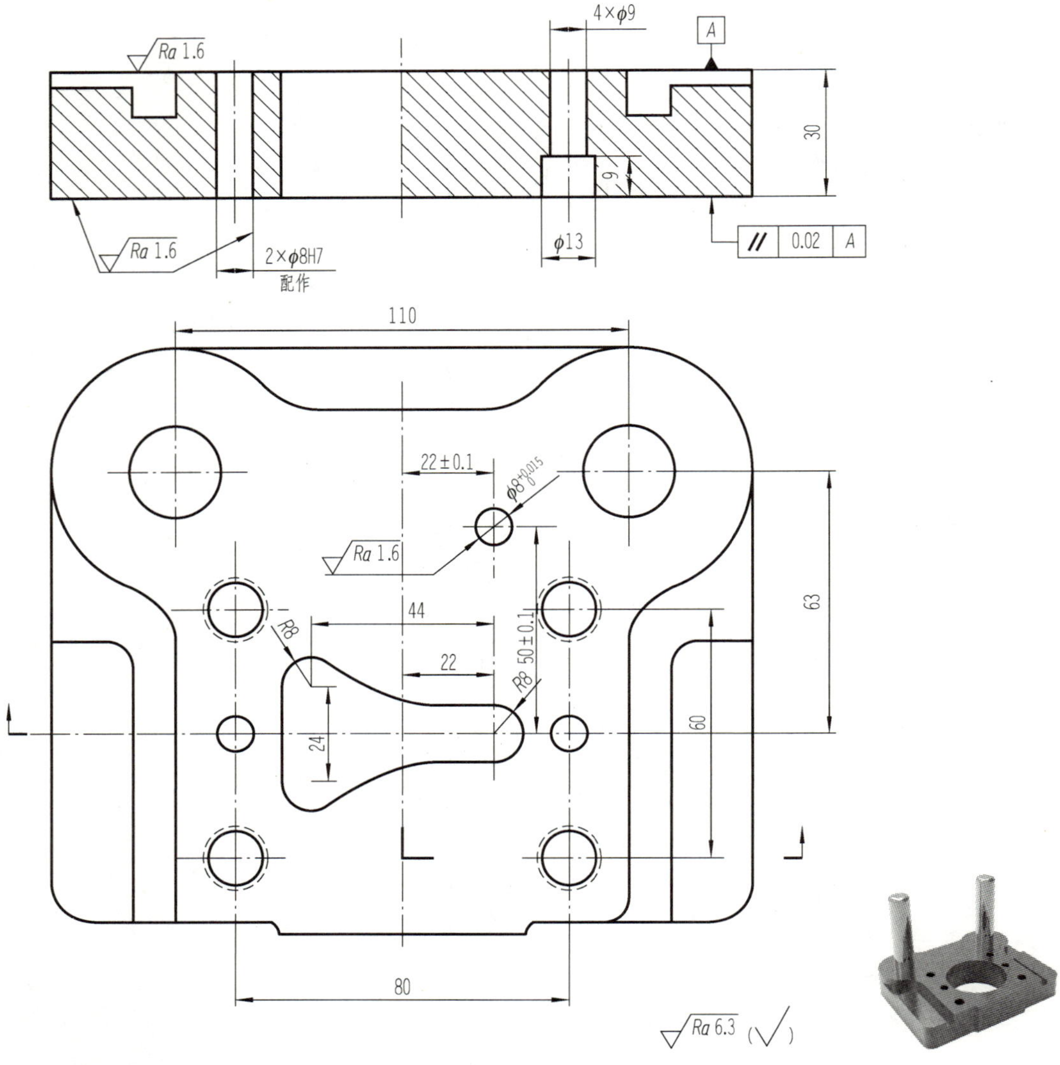

图 2-11　下模座的零件图

10. 始用挡料销

始用挡料销也称临时挡料销，即在首次冲裁缺少对条料初始定位的零件时，可用它完成料头的初始定位（一般是手动定位），之后再借助固定挡料销来进行之后每次冲压的定位，始用挡料销在之后的定位中不起作用。本任务模具中在正面冲裁时用一次，反面冲裁时又用一次。始用挡料销的零件图如图 2-12 所示。

11. 压缩弹簧

压缩弹簧用于初始挡料销定位后的自动复位，其零件图如图 2-13 所示。

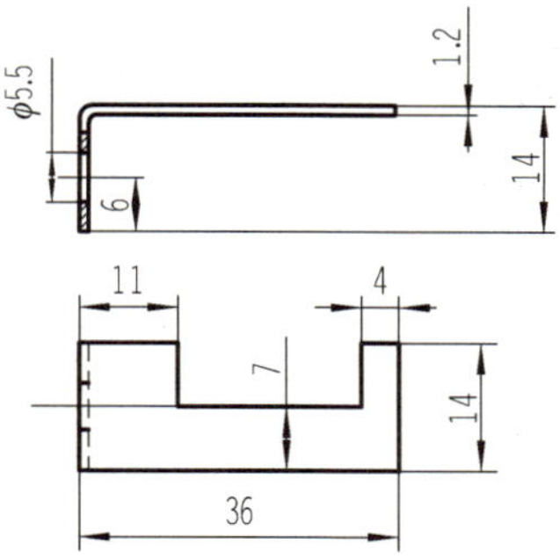

图 2-12　始用挡料销的零件图

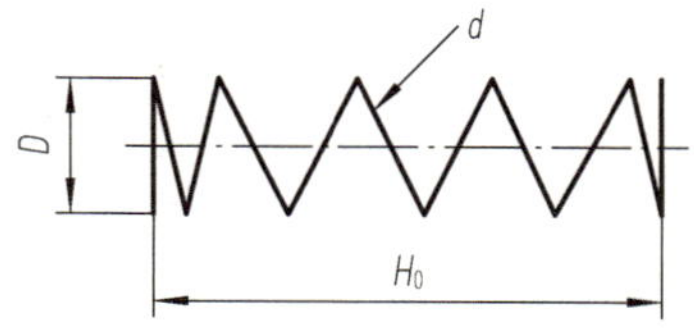

技术要求
1.钢丝直径$d=\phi 1$mm；
2.中径$D=\phi 7$mm；
3.有效圈数量$n=4.5$；
4.自由调试$H_0=14$；
5.淬火：HRC40~48。

图 2-13　压缩弹簧的零件图

知识链接

落料模零件材料解读及模柄设计说明

1．模具零件材料解读

从模具零件明细表（表 2-1）中可以看出，工作零件落料凸模和落料凹模的材料都采用 Cr12，淬火硬度 HRC58～60。Cr12 为合金工具钢（冷作模具钢），具有高强度、较好的淬透性和良好的耐磨性，但冲击韧性差，主要用作承受冲击负荷较小、要求高耐磨的冷冲压模具，以及冲头、冷切剪刀、钻套、量规、拉丝模、压印模、搓丝板、拉延模和螺纹滚模等。

定位零件中的挡料销、定位销等采用 45 号钢。45 号钢为优质碳素结构用钢，含碳量为 0.45%，模具中常用来制作模座、销钉、垫板、导向板等，但须热处理。45 号钢的力学性能很好，广泛用于机械制造，但它是一种中碳钢，淬火性能并不好，可以淬硬至 HRC43～48。

压料和卸料零件中的卸料板、支承零件中的凸模固定板等均选用 Q235 材料。Q235 为普通碳素结构用钢，Q 代表这种材质的屈服极限，235 代表这种材质的屈服值在 235MPa 左右。其屈服值随着材质厚度的增加而减小，由于含碳量适中，综合性能较好，强度、塑性和焊接等性能得到较好配合，Q235 用途最广泛。模具中的一些零件经常可以用 Q235 代替 45 号钢使用。

标准冷冲压模具模架的上、下模座一般采用灰口铸铁，最常用的灰口铸铁的牌号为 HT200～HT400。HT 代表灰口铸铁，灰口铸铁 HT200 代表ϕ30mm 试样的最低抗拉强度为 200MPa。灰口铸铁中全部或大部分碳以片状石墨形态存在，断口呈灰暗色，因此得名。它包括一般灰口铸铁（简称灰铸铁）、球墨铸铁、麻口铸铁、孕育铸铁、稀土灰口铸铁等。灰口铸铁价格低，应用广泛，占铸铁总产量的 80%以上。

标准冷冲压模具模架上的导柱，常用低碳钢 20 代替碳素工具钢 T10A。由于低碳钢 20 的含碳量只有 0.2%，因此要经过渗碳才能淬火。由于低碳钢 20 的加工性能较好，且价格比碳素工具钢 T10A 低，因此得到广泛应用。

2. 模柄设计说明

由于上模座上加工位置的限制，也考虑到各个单位冲床型号的不同，本模具的模柄直径设计为ϕ32mm。冲床上模柄孔大于ϕ32mm 的，可以在模柄上加一个开口的镶套，与模柄孔配合。

任务 2.2 制造零件

◎ 任务描述

工艺零件直接参与工艺过程的完成并和坯料有直接接触，包括工作零件、定位零件、压料和卸料零件等；结构零件一般具有较高的精度要求，需要采用合适的加工方法，因此对工人的技术要求高。本任务通过工艺零件的制造，使学生掌握模具制造的关键技能，达到相应的岗位要求。

◎ 任务目标

1. 掌握工作零件的加工方法。
2. 掌握定位零件的加工方法。
3. 掌握压料和卸料零件的加工方法。

微课：凹模的制造　　微课：加工凸模固定板

2.2.1 加工落料凸模

落料凸模的加工工艺卡和机械加工工序卡见表 2-2～表 2-5。

表 2-2　落料凸模加工工艺卡

产品型号	产品名称	零件图号	零件名称	材料	数量
SGBLLM-001	水果刨落料模	SGBLLM-001-05	落料凸模	Cr12	1

工件图

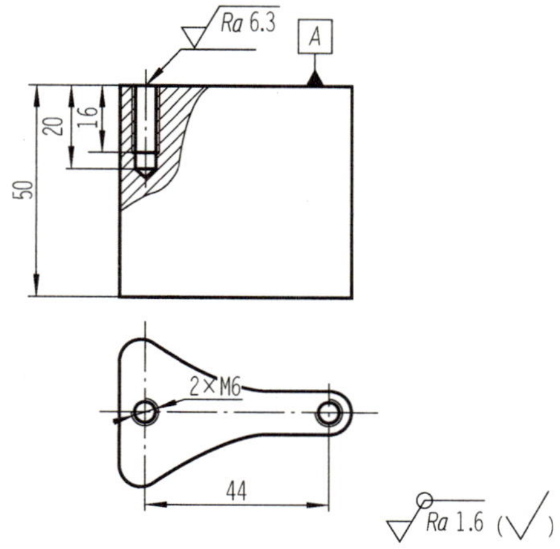

技术要求
1.外形按凹模配作，保证双边间隙为0.08mm；
2.淬火：HRC58～60。

工序号	工序名称	工序内容及要求	设备	量具/检具
1	备料	80mm×55mm×51mm（外购锻件，六面铣加工）		钢直尺
2	钳加工	加工 2×M6 螺纹孔	台钻	游标卡尺
3	热处理	淬火+低温回火，硬度达到 HRC58～60	外加工	硬度计
4	磨削加工	精磨凸模上、下表面，保证表面粗糙度、平面度、平行度要求	平面磨床	
5	线切割加工	按图样加工凸模外形	线切割机床	游标卡尺
6	检	刃口部分加工质量		游标卡尺 粗糙度比较仪

表 2-3　落料凸模机械加工工序卡 1

产品型号	零件名称	图号
SGBLLM-001	落料凸模	SGBLLM-001-05

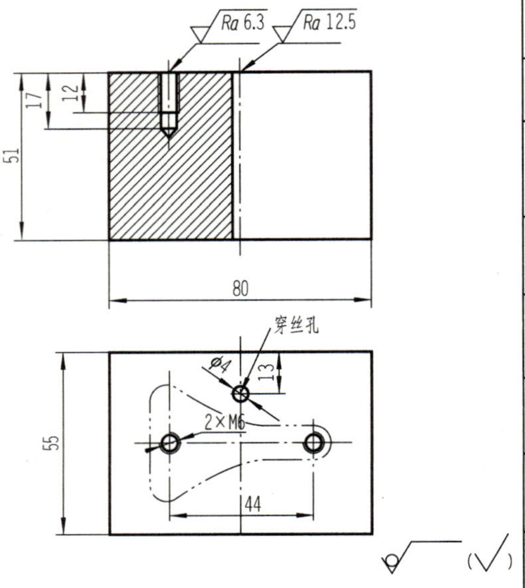

工序号	工序名称		材料
2	钳加工		Cr12
毛坯种类	毛坯外形尺寸	每件毛坯可制件数	每台件数
外加工铣削工件	80mm×55mm×51mm	1	1
设备名称	设备型号	设备编号	加工件数
台钻	Z4112	01	1
夹具编号	夹具名称		工序工时
01	通用夹具		40min

工步号	工步内容	刀具/工具	量具	夹具	切削速度/（m/min）	主轴转速/（r/min）	进给量/（mm/r）	切削深度/mm	走刀次数	切削时间/min
1	检查材料外形尺寸、基准面		游标卡尺							
2	划线 2×M6、穿丝孔中心位置	高度划线尺、样冲、划线涂料	游标卡尺							
3	钻 2×M6 底孔，深度 17mm	ϕ5mm 钻头	游标卡尺	机用平口钳	25	1600		2.5	1	
4	钻ϕ4mm 穿丝孔	ϕ4mm 钻头	游标卡尺	机用平口钳	25	1600		2.5	1	
5	孔口倒角 *C*1.5	ϕ12mm 钻头								
6	攻 2×M6 螺纹孔	M6 丝锥、铰杠		机用平口钳						
7	检									

表 2-4　落料凸模机械加工工序卡 2

产品型号	零件名称	图号
SGBLLM-001	落料凸模	SGBLLM-001-05

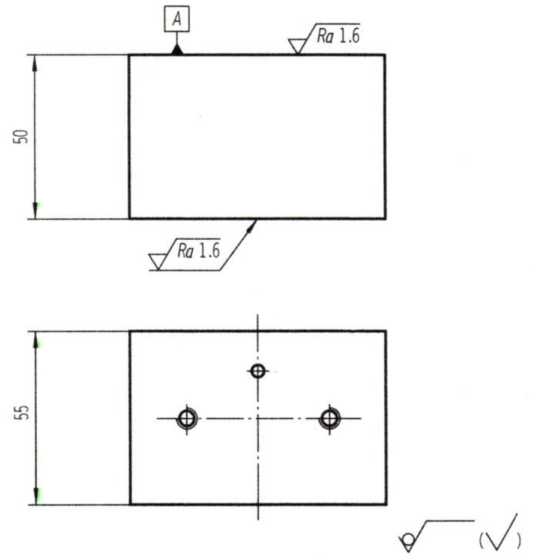

工序号	工序名称		材料
4	磨削加工		Cr12
毛坯种类	毛坯外形尺寸	每件毛坯可制件数	每台件数
热处理后工件	80mm×55mm×51mm	1	1
设备名称	设备型号	设备编号	加工件数
手动平面磨床	M720	01	1
夹具编号	夹具名称		工序工时
01	通用夹具		15min

工步号	工步内容	刀具/工具	量具	夹具	切削速度/（m/min）	主轴转速/（r/min）	进给量/（mm/r）	切削深度/mm	走刀次数	切削时间/min
1	检查设备、砂轮									
2	装夹工件			电磁吸盘						
3	磨基准面 *A*	砂轮 350mm×75mm×35mm		电磁吸盘	1580	1440	0.25	0.08		
4	磨另一面	砂轮 350mm×75mm×35mm		电磁吸盘	1580	1440	0.25	0.08		
5	检									

表 2-5 落料凸模机械加工工序卡 3

产品型号	零件名称	图号
SGBLLM-001	落料凸模	SGBLLM-001-05

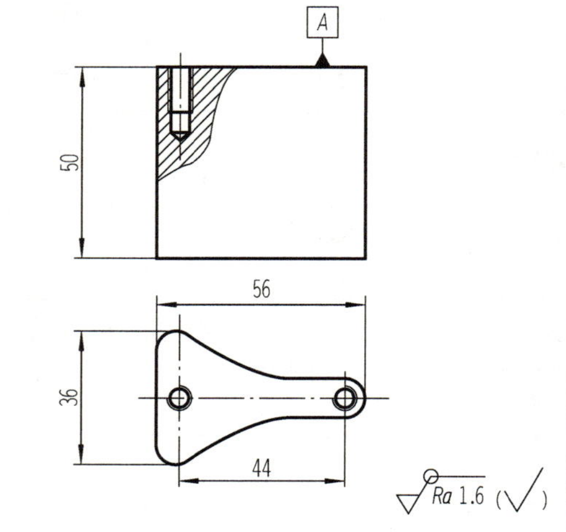

技术要求
外形按凹模配作，保证双边间隙为0.08mm。

工序号	工序名称		材料
5	线切割加工		Cr12
毛坯种类	毛坯外形尺寸	每件毛坯可制件数	每台件数
磨削加工后工件	80mm×55mm×51mm	1	1
设备名称	设备型号	设备编号	加工件数
线切割加工机床	CY-KX850LD	01	1
夹具编号	夹具名称		工序工时
01	通用夹具		180min

工步号	工步内容	刀具/工具	量具	夹具	脉宽/μs	脉间/μm	脉冲幅值/V	功率管数/个	电流/A	速度/(mm²/min)	切削时间/min
1	检查设备、钼丝、切削液、工具	扳手	游标卡尺、半径规	压板、压板螺钉							
2	安装校正工件	扳手	指示表	压板							
3	校正钼丝		钼丝校正仪								
4	对钼丝、跳步、穿钼丝										
5	编程、割凸模	钼丝			4	8	60	3	0.8		
6	检		游标卡尺、半径规								

2.2.2 加工落料凹模

落料凹模的加工工艺卡和机械加工工序卡见表 2-6～表 2-11。

表 2-6　落料凹模加工工艺卡

产品型号	产品名称	零件图号	零件名称	材料	数量
SGBLLM-001	水果刨落料模	SGBLLM-001-08	落料凹模	Cr12	1

工件图

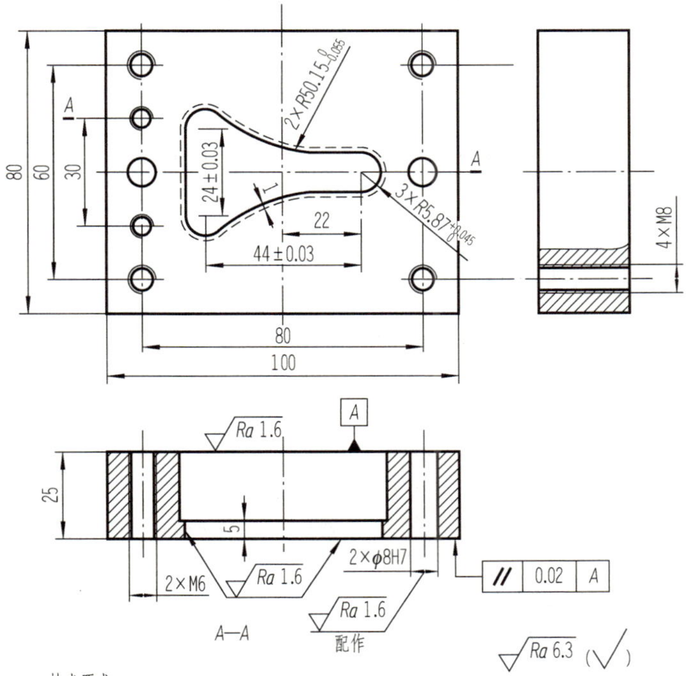

技术要求
1.刃口采用线切割加工；
2.淬火：HRC58～60；
3.去锐。

工序号	工序名称	工序内容及要求	设备	量具/检具
1	备料	103mm×83mm×26mm（外购锻件，六面铣加工）		钢直尺
2	普铣加工	铣材料四侧面，达到外形尺寸 100mm×80mm×26mm	普通铣床	游标卡尺
3	数铣加工	数铣凹模落料口，深度 15mm，在 M8、M6 螺纹孔、ϕ8mm 销钉孔和线切割穿丝孔的加工位置钻出中心孔	数控铣床	游标卡尺
4	钳加工	加工 M8、M6 螺纹孔、ϕ8mm 销钉孔的底孔ϕ4mm，刃口线切割钻穿丝孔ϕ4mm	台钻	游标卡尺
5	热处理	淬火+低温回火，硬度达到 HRC58～60	外加工	硬度机
6	磨削加工	精磨凹模上、下表面，保证粗糙度、平面度、平行度要求	平面磨床	
7	线切割加工	按图样加工凹模刃口，注意保证刃口直壁部分垂直度	线切割机床	游标卡尺
8	检	刃口部分加工质量		游标卡尺 粗糙度比较仪

表 2-7　落料凹模机械加工工序卡 1

产品型号	零件名称	图号
SGBLLM-001	落料凹模	SGBLLM-001-08

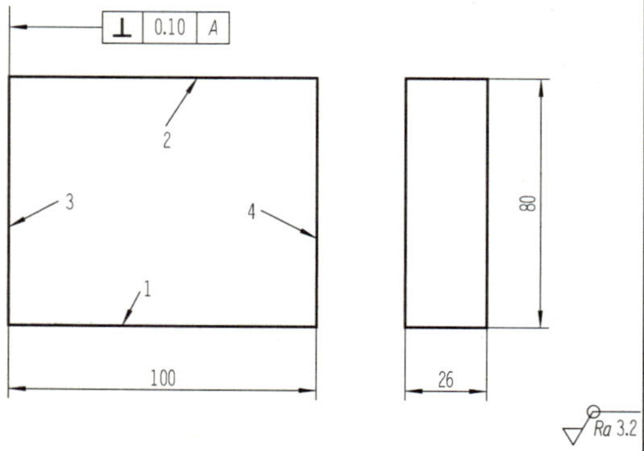

工序号	工序名称		材料
2	普铣加工		Cr12
毛坯种类	毛坯外形尺寸	每件毛坯可制件数	每台件数
铣削件	103mm×83mm×26mm	1	1
设备名称	设备型号	设备编号	加工件数
炮塔铣床	QRD-4S	01	1
夹具编号	夹具名称		工序工时
01	通用夹具		40min

工步号	工步内容	刀具/工具	量具	夹具	切削速度/（m/min）	主轴转速/（r/min）	进给量/（mm/r）	切削深度/mm	走刀次数	切削时间/min
1	检	ϕ20mm 硬质合金立铣刀	游标卡尺、指示表	机用平口钳与机床主轴的平行度						
2	铣 1	ϕ20mm 硬质合金立铣刀（端面铣）	游标卡尺		100	1600	0.2	1	1	
3	铣 2	ϕ20mm 硬质合金立铣刀（端面铣）	游标卡尺		100	1600	0.2	1	2	
4	铣 3	ϕ20mm 硬质合金立铣刀（侧刃铣）	游标卡尺		100	1600	0.2	1.5	1	
5	铣 4	ϕ20mm 立铣刀（侧刃铣）	游标卡尺		100	1600	0.2	1.5	1	
6	检		游标卡尺							

表 2-8　落料凹模机械加工工序卡 2

产品型号	零件名称	图号
SGBLLM-001	落料凹模	SGBLLM-001-08

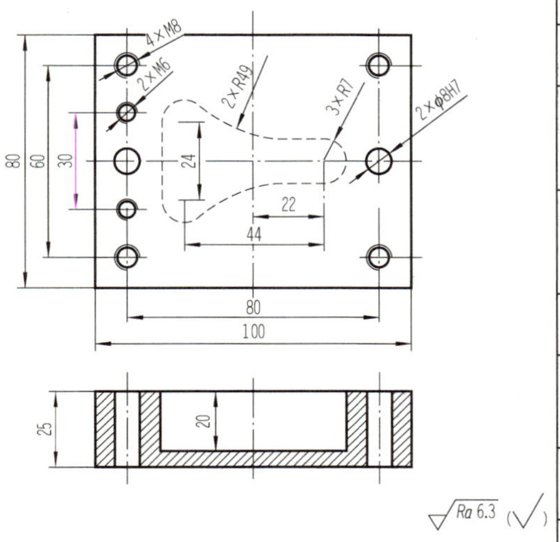

工序号	工序名称		材料
3	数控加工		Cr12
毛坯种类	毛坯外形尺寸	每件毛坯可制件数	每台件数
铣削件	100mm×80mm×26mm	1	1
设备名称	设备型号	设备编号	加工件数
数控铣床	CY-KX850LD	01	1
夹具编号	夹具名称		工序工时
01	通用夹具		100min

工步号	工步内容	刀具/工具	量具	夹具	切削速度/（m/min）	主轴转速/（r/min）	进给量/（mm/r）	切削深度/mm	走刀次数	切削时间/min
1	检	90° φ6mm 定向钻、φ6mm 硬质合金铣刀	游标卡尺、指示表	机用平口钳与机床主轴的平行度						
2	钻 M8、M6 螺纹孔、φ8mm H7 中心窝孔	90° φ6mm 定向钻	游标卡尺	机用平口钳	25	1600	0.2	2		
3	铣凹腔	φ6mm 硬质合金铣刀	游标卡尺	机用平口钳	100	1600	0.2	5		
4	检		游标卡尺							

表 2-9 落料凹模机械加工工序卡 3

产品型号	零件名称	图号
SGBLLM-001	落料凹模	SGBLLM-001-08

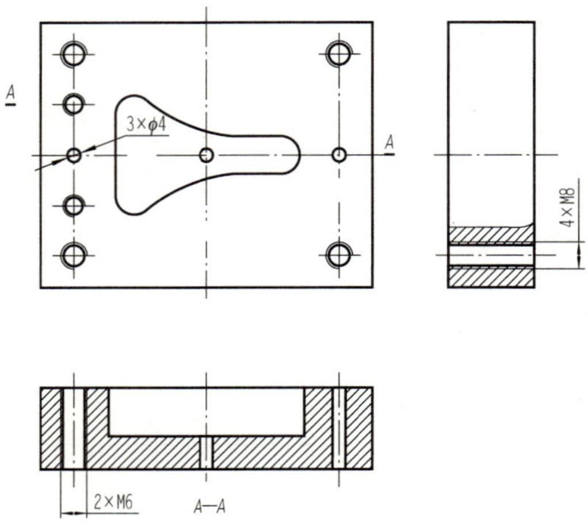

工序号	工序名称		材料
4	钳加工		Cr12
毛坯种类	毛坯外形尺寸	每件毛坯可制件数	每台件数
铣削件	100mm×80mm×26mm	1	1
设备名称	设备型号	设备编号	加工件数
台钻	Z4112	01	1
夹具编号	夹具名称		工序工时
01	通用夹具		60min

工步号	工步内容	刀具/工具	量具	夹具	切削速度/（m/min）	主轴转速/（r/min）	进给量/（mm/r）	切削深度/mm	走刀次数	切削时间/min
1	检	ϕ5mm、ϕ6.8mm、ϕ12mm钻头	游标卡尺	机用平口钳						
2	划出ϕ4mm穿丝孔	划线卡尺、平板	游标卡尺							
3	钻 2×M6底孔	ϕ5mm 钻头	游标卡尺	机用平口钳	25	1600		2.5	1	
4	钻 4×M8底孔	ϕ6.8mm钻头	游标卡尺	机用平口钳	25	1200		3.4	1	
5	钻ϕ4mm 穿丝孔	ϕ4mm 钻头	游标卡尺	机用平口钳	25	1600		2	1	
6	上述各孔口倒角 C1.5	ϕ12mm钻头	游标卡尺	机用平口钳	25	480				
7	攻 2×M6螺纹	M6 丝锥、铰杠		机用平口钳						
8	攻 4×M8螺纹	M8 丝锥、铰杠		机用平口钳						
9	检									

表 2-10　落料凹模机械加工工序卡 4

产品型号	零件名称	图号
SGBLLM-001	落料凹模	SGBLLM-001-08

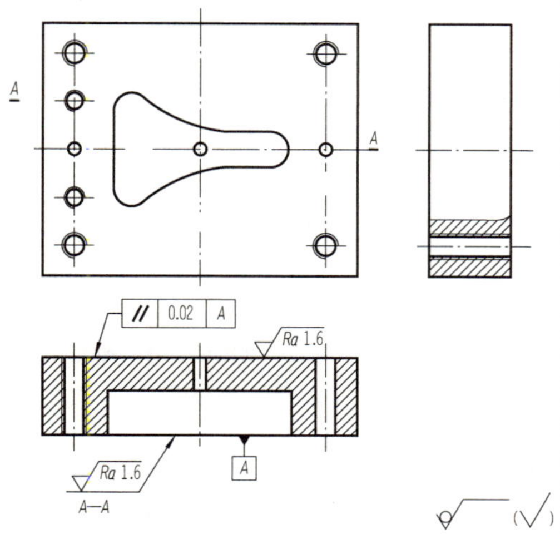

工序号	工序名称		材料
6	磨削加工		Cr12
毛坯种类	毛坯外形尺寸	每件毛坯可制件数	每台件数
热处理后工件	100mm×80mm×26mm	1	1
设备名称	设备型号	设备编号	加工件数
手动平面磨床	M720	01	1
夹具编号	夹具名称		工序工时
01	通用夹具		15 min

工步号	工步内容	刀具/工具	量具	夹具	切削速度/（m/min）	主轴转速/（r/min）	进给量/（mm/r）	切削深度/mm	走刀次数	切削时间/min
1	检查设备、砂轮									
2	装夹工件			电磁吸盘						
3	磨基准面 *A*	砂轮 350mm×75mm×35mm		电磁吸盘	1580	1440	0.25	0.08		
4	磨另一面	砂轮 350mm×75mm×35mm		电磁吸盘	1580	1440	0.25	0.08		
5	检									

表 2-11　落料凹模机械加工工序卡 5

<table>
<tr><td colspan="2">产品型号</td><td colspan="2">零件名称</td><td colspan="3">图号</td></tr>
<tr><td colspan="2">SGBLLM-001</td><td colspan="2">落料凹模</td><td colspan="3">SGBLLM-001-08</td></tr>
<tr><td colspan="3" rowspan="10">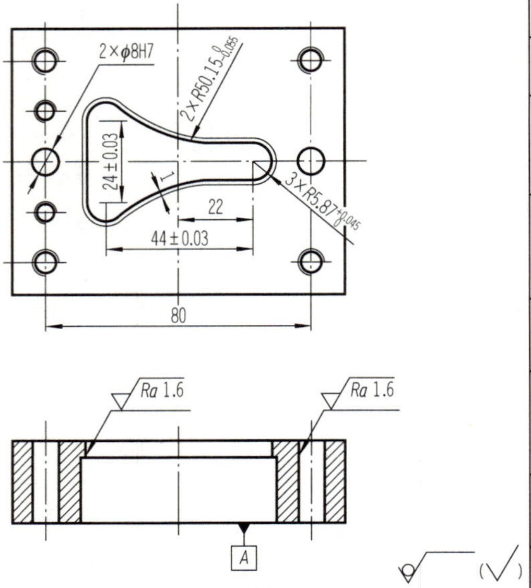
</td><td>工序号</td><td colspan="2">工序名称</td><td>材料</td></tr>
<tr><td>7</td><td colspan="2">线切割加工</td><td>Cr12</td></tr>
<tr><td>毛坯种类</td><td>毛坯外形尺寸</td><td>每件毛坯可制件数</td><td>每台件数</td></tr>
<tr><td>磨削加工后工件</td><td>100mm×80mm×25mm</td><td>1</td><td>1</td></tr>
<tr><td>设备名称</td><td>设备型号</td><td>设备编号</td><td>加工件数</td></tr>
<tr><td>线切割加工机床</td><td>DK7732</td><td>01</td><td>1</td></tr>
<tr><td>夹具编号</td><td colspan="2">夹具名称</td><td>工序工时</td></tr>
<tr><td>01</td><td colspan="2">通用夹具</td><td>120min</td></tr>
</table>

工步号	工步内容	刀具/工具	量具	夹具	脉宽/μs	脉间/μm	脉冲幅值/V	功率管数/个	电流/A	速度/（mm^2/min）	切削时间/min
1	检查设备、钼丝、切削液		游标卡尺								
2	安装校正工件		指示表	压板							
3	校正钼丝		钼丝校正仪								
4	对钼丝、跳步、穿钼丝										
5	编程、割凹腔	钼丝	游标卡尺		4	8	60	3	0.8	15	
6	跳步、穿钼丝割孔	钼丝	游标卡尺		4	8	60	3	0.8	15	
7	检										

2.2.3　加工凸模固定板

凸模固定板的加工工艺卡和机械加工工序卡见表 2-12～表 2-16。

表 2-12　凸模固定板加工工艺卡

产品型号	产品名称	零件图号	零件名称	材料	数量
SGBLLM-001	水果刨落料模	SGBLLM-001-02	凸模固定板	Q235	1

工件图

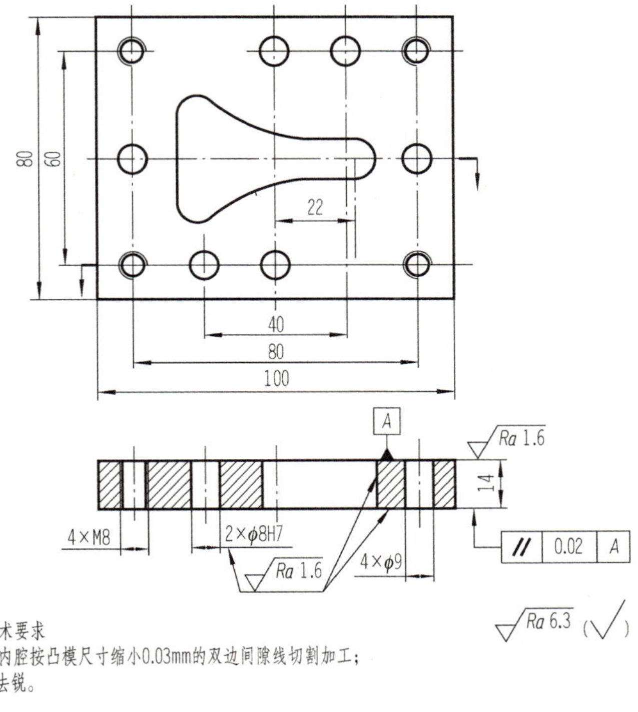

工序号	工序名称	工序内容及要求	设备	量具/检具
1	备料	103mm×83mm×16mm（外购件，六面铣加工）		钢直尺
2	普铣加工	铣材料四侧面，达到外形尺寸 100mm×80mm×14mm	普通铣床	游标卡尺
3	磨削加工	磨上、下平面	平面磨床	
4	钳加工	划出内腔线切割钻穿丝孔ϕ4mm 的加工位置，加工刃口线切割钻穿丝孔ϕ4mm	台钻	游标卡尺
5	线切割加工	按图样加工内腔，注意保证刃口直壁部分的垂直度	线切割机床	游标卡尺
6	检	全部加工质量		游标卡尺 粗糙度比较仪

表 2-13 凸模固定板机械加工工序卡 1

产品型号	零件名称	图号
SGBLLM-001	凸模固定板	SGBLLM-001-02

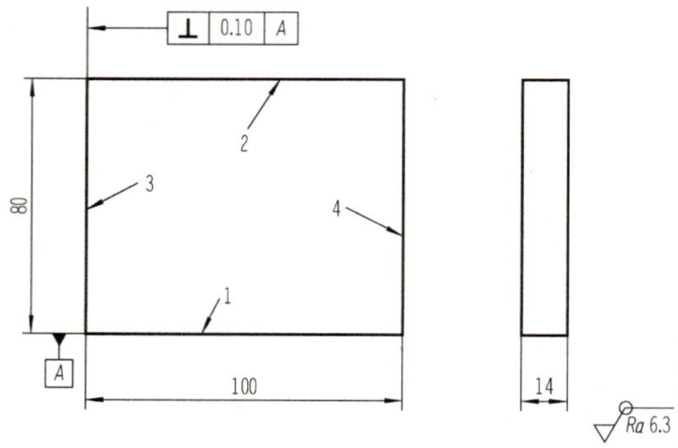

工序号	工序名称		材料
2	普铣加工		Q235
毛坯种类	毛坯外形尺寸	每件毛坯可制件数	每台件数
铣削件	103mm×83mm×16mm	1	1
设备名称	设备型号	设备编号	加工件数
炮塔铣床	QRD-4S	01	1
夹具编号	夹具名称		工序工时
01	通用夹具		30 min

工步号	工步内容	刀具/工具	量具	夹具	切削速度/（m/min）	主轴转速/（r/min）	进给量/（mm/r）	切削深度/mm	走刀次数	切削时间/min
1	检	ϕ20mm 硬质合金立铣刀	游标卡尺、指示表	机用平口钳与机床主轴的平行度						
2	铣 1	ϕ20mm 硬质合金立铣刀（端面铣）	游标卡尺		100	1600	0.2	1	1	
3	铣 2	ϕ20mm 硬质合金立铣刀（端面铣）	游标卡尺		100	1600	0.2	1	2	
4	铣 3	ϕ20mm 硬质合金立铣刀（侧刃铣）	游标卡尺		100	1600	0.2	1.5	1	
5	铣 4	ϕ20mm 立铣刀（侧刃铣）	游标卡尺		100	1600	0.2	1.5	1	
6	检		游标卡尺							

表 2-14 凸模固定板机械加工工序卡 2

产品型号	零件名称	图号
SGBLLM-001	凸模固定板	SGBLLM-001-02

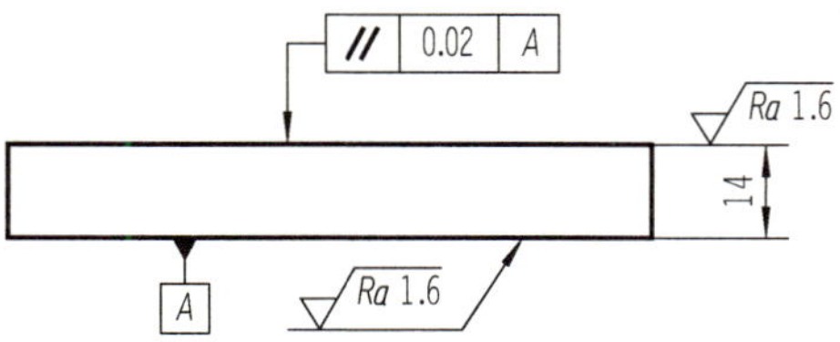

工序号	工序名称		材料
3	磨削加工		Q235
毛坯种类	毛坯外形尺寸	每件毛坯可制件数	每台件数
热处理后工件	100mm×80mm×14mm	1	1
设备名称	设备型号	设备编号	加工件数
手动平面磨床	M720	01	1
夹具编号	夹具名称		工序工时
01	通用夹具		15min

工步号	工步内容	刀具/工具	量具	夹具	切削速度/（m/min）	主轴转速/（r/min）	进给量/（mm/r）	切削深度/mm	走刀次数	切削时间/min
1	检查设备、砂轮									
2	装夹工件			电磁吸盘						
3	磨基准面 *A*	砂轮 350mm×75mm×35mm		电磁吸盘	1580	1440	0.25	0.08		
4	磨另一面	砂轮 350mm×75mm×35mm		电磁吸盘	1580	1440	0.25	0.08		
5	检									

表 2-15 凸模固定板机械加工工序卡 3

产品型号	零件名称	图号
SGBLLM-001	凸模固定板	SGBLLM-001-02

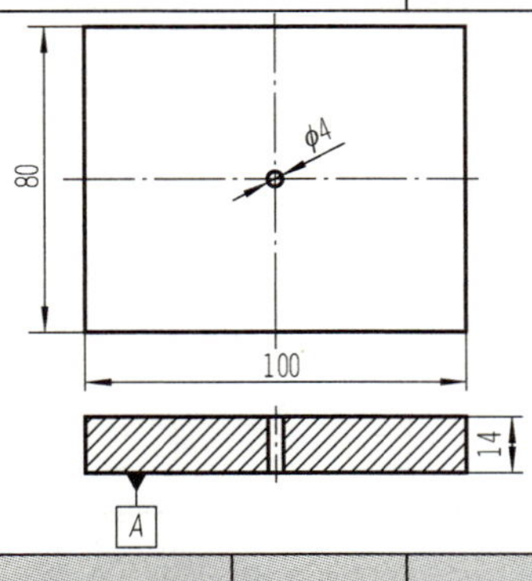

工序号	工序名称		材料
4	钳加工		Q235
毛坯种类	毛坯外形尺寸	每件毛坯可制件数	每台件数
铣削件	100mm×80mm×14mm	1	1
设备名称	设备型号	设备编号	加工件数
台钻	Z4112	01	1
夹具编号	夹具名称		工序工时
01	通用夹具		10min

工步号	工步内容	刀具/工具	量具	夹具	切削速度/（m/min）	主轴转速/（r/min）	进给量/（mm/r）	切削深度/mm	走刀次数	切削时间/min
1	检查划线工具									
2	钻 ϕ4mm 穿丝孔	ϕ4mm 钻头	游标卡尺	机用平口钳	25	1600		2	1	
3	检									

表 2-16　凸模固定板机械加工工序卡 4

产品型号	零件名称	图号
SGBLLM-001	凸模固定板	SGBLLM-001-02

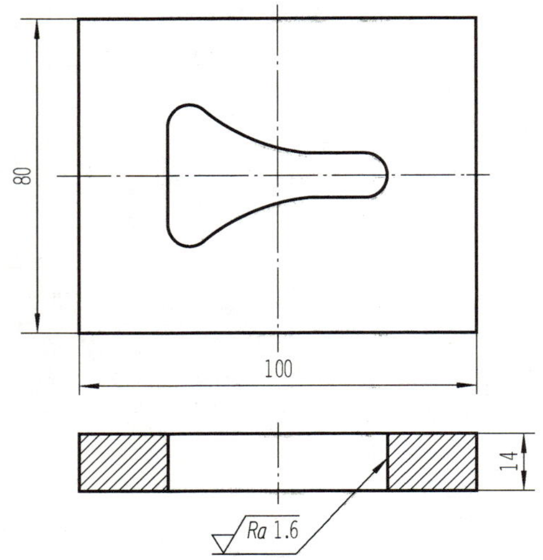

技术要求
1.内腔按凸模尺寸缩小0.03mm的双边间隙线切割加工；
2.去锐。

工序号	工序名称		材料
5	线切割加工		Q235
毛坯种类	毛坯外形尺寸	每件毛坯可制件数	每台件数
磨削加工后工件	100mm×80mm×14mm	1	1
设备名称	设备型号	设备编号	加工件数
线切割加工机床	DK7732	01	1
夹具编号	夹具名称		工序工时
01	通用夹具		120min

工步号	工步内容	刀具/工具	量具	夹具	脉宽/μs	脉间/μm	脉冲幅值/V	功率管数/个	电流/A	速度/(mm²/min)	切削时间/min
1	检查设备、钼丝、切削液		游标卡尺								
2	安装校正工件		指示表	压板							
3	校正钼丝		钼丝校正仪								
4	对钼丝、跳步、穿钼丝										
5	编程、割内腔	钼丝	游标卡尺		4	8	60	3	0.8	15	
6	检										

2.2.4　加工凸模垫板

凸模垫板的加工工艺卡和机械加工工序卡见表 2-17～表 2-20。

表 2-17　凸模垫板加工工艺卡

产品型号	产品名称	零件图号	零件名称	材料	数量
SGBLLM-001	水果刨落料模	SGBLLM-001-03	凸模垫板	45	1

工件图

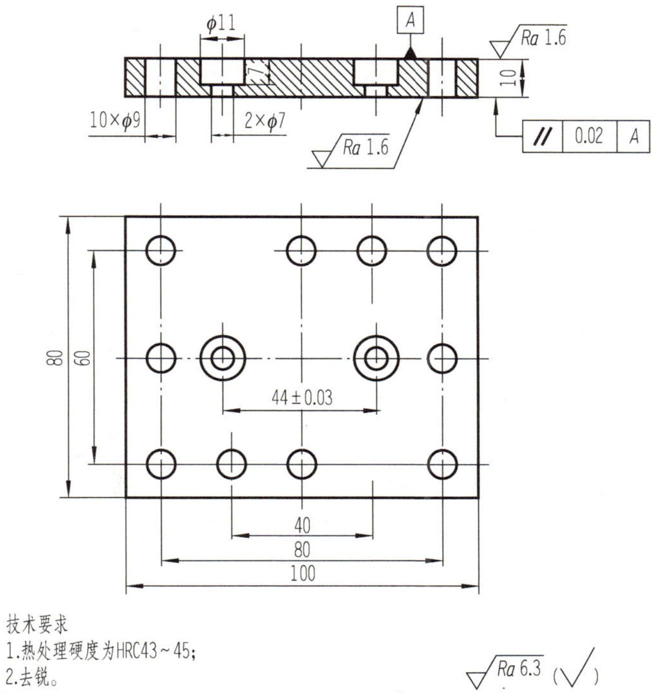

工序号	工序名称	工序内容及要求	设备	量具/检具
1	备料	103mm×83mm×10.5mm（外购件，六面铣加工）		钢直尺
2	普铣加工	铣材料四侧面，达到外形尺寸 100mm×80mm×10mm	普通铣床	游标卡尺
3	磨削加工	磨上、下平面	平面磨床	
4	钳加工	划出 2×ϕ7mm、沉孔ϕ11mm 的加工位置，并钻孔、锪孔	台钻 划线工具	高度划线卡尺
5	检	全部加工质量		游标卡尺

表 2-18　凸模垫板机械加工工序卡 1

产品型号	零件名称	图号
SGBLLM-001	凸模垫板	SGBLLM-001-03

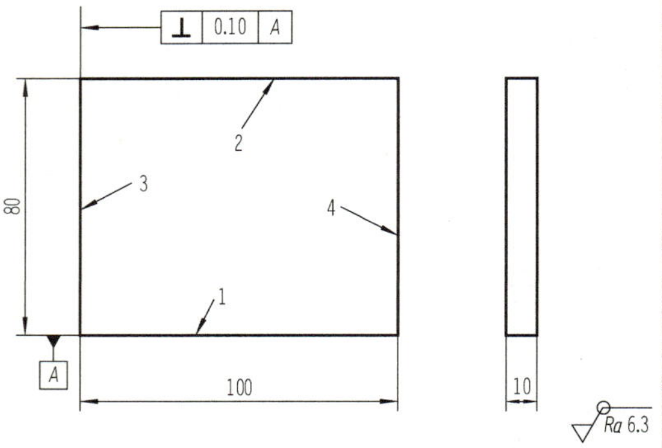

工序号	工序名称		材料
2	普铣加工		45
毛坯种类	毛坯外形尺寸	每件毛坯可制件数	每台件数
铣削件	103mm×83mm×10.5mm	1	1
设备名称	设备型号	设备编号	加工件数
炮塔铣床	QRD-4S	01	1
夹具编号	夹具名称		工序工时
01	通用夹具		30min

工步号	工步内容	刀具/工具	量具	夹具	切削速度/（m/min）	主轴转速/（r/min）	进给量/（mm/r）	切削深度/mm	走刀次数	切削时间/min
1	检	ϕ20mm 硬质合金立铣刀	游标卡尺、指示表	机用平口钳与机床主轴的平行度						
2	铣 1	ϕ20mm 硬质合金立铣刀（端面铣）	游标卡尺		100	1600	0.2	1	1	
3	铣 2	ϕ20mm 硬质合金立铣刀（端面铣）	游标卡尺		100	1600	0.2	1	2	
4	铣 3	ϕ20mm 硬质合金立铣刀（侧刃铣）	游标卡尺		100	1600	0.2	1.5	1	
5	铣 4	ϕ20mm 立铣刀（侧刃铣）	游标卡尺		100	1600	0.2	1.5	1	
6	检		游标卡尺							

表 2-19　凸模垫板机械加工工序卡 2

产品型号	零件名称	图号
SGBLLM-001	凸模垫板	SGBLLM-001-03

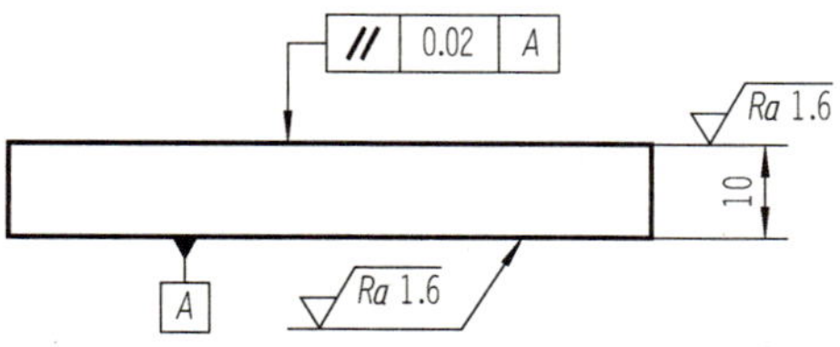

工序号	工序名称		材料
3	磨削加工		45
毛坯种类	毛坯外形尺寸	每件毛坯可制件数	每台件数
热处理后工件	100mm×80mm×10mm	1	1
设备名称	设备型号	设备编号	加工件数
手摇平面磨床	M720	01	1
夹具编号	夹具名称		工序工时
01	通用夹具		15 min

工步号	工步内容	刀具/工具	量具	夹具	切削速度/(m/min)	主轴转速/(r/min)	进给量/(mm/r)	切削深度/mm	走刀次数	切削时间/min
1	检查设备、砂轮									
2	装夹工件			电磁吸盘						
3	磨基准面 *A*	砂轮 350mm×75mm×35mm		电磁吸盘	1580	1440	0.25	0.08		
4	磨另一面	砂轮 350mm×75mm×35mm		电磁吸盘	1580	1440	0.25	0.08		
5	检									

表 2-20 凸模垫板机械加工工序卡 3

产品型号	零件名称	图号
SGBLLM-001	凸模垫板	SGBLLM-001-03

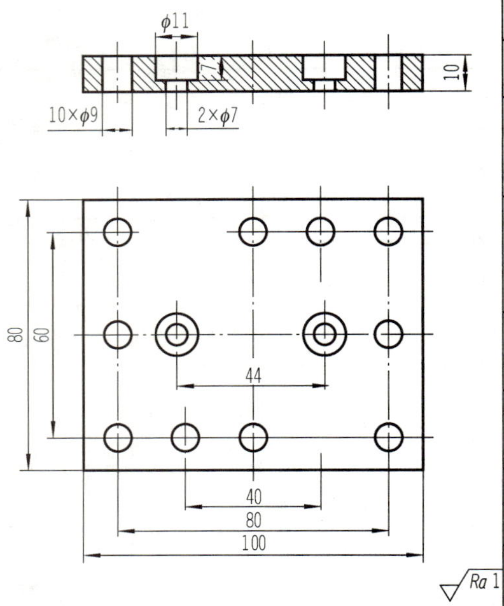

工序号	工序名称		材料
4	钳加工		45
毛坯种类	毛坯外形尺寸	每件毛坯可制件数	每台件数
铣削件	100mm×80mm×10mm	1	1
设备名称	设备型号	设备编号	加工件数
台钻	Z4112	01	1
夹具编号	夹具名称		工序工时
01	通用夹具		30min

工步号	工步内容	刀具/工具	量具	夹具	切削速度/（m/min）	主轴转速/（r/min）	进给量/（mm/r）	切削深度/mm	走刀次数	切削时间/min
1	检查设备、刀具	ϕ7mm、ϕ9mm、ϕ11mm 钻头	游标卡尺	机用平口钳						
2	划孔加工线	高度划线卡尺	游标卡尺	机用平口钳						
3	钻 10×ϕ9mm 孔	ϕ9mm 钻头	游标卡尺	机用平口钳	25	1000		4.5	1	
4	钻 2×ϕ7mm 孔	ϕ7mm 钻头	游标卡尺	机用平口钳	25	1600		3.5	1	
5	锪 2×ϕ11mm 沉孔	ϕ11mm 平钻头	游标卡尺	机用平口钳	12	800		2	1	
6	上述各孔口倒角 C1.5	ϕ12mm 钻头	游标卡尺	机用平口钳	12	480				
7	检									

2.2.5 加工卸料板

卸料板的加工工艺卡和机械加工工序卡见表 2-21～表 2-26。

表 2-21　卸料板加工工艺卡

产品型号	产品名称	零件图号	零件名称	材料	数量
SGBLLM-001	水果刨落料模	SGBLLM-001-07	卸料板	Q235	1

工件图

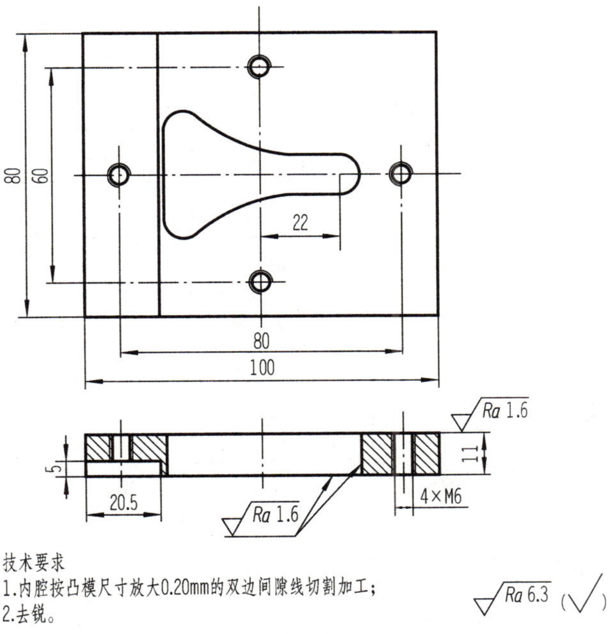

工序号	工序名称	工序内容及要求	设备	量具/检具
1	备料	103mm×83mm×11.5mm（外购件，六面铣加工）		游标卡尺
2	普铣加工	粗铣外形尺寸至 100mm×80mm	普通铣床	游标卡尺
3	磨削加工	精磨上、下表面，保证平面度、平行度要求	平面磨床	游标卡尺
4	钳加工	按图样划线确定螺纹孔位置，钻ϕ5mm 底孔，倒角后攻 M6 螺纹	台钻	游标卡尺
5	线切割加工	按图样加工型孔	线切割机床	游标卡尺
6	普铣加工	按图样粗铣左侧缺口	普通铣床	游标卡尺
7	检	检查所有尺寸		

表 2-22　卸料板机械加工工序卡 1

产品型号	零件名称	图号
SGBLLM-001	卸料板	SGBLLM-001-07

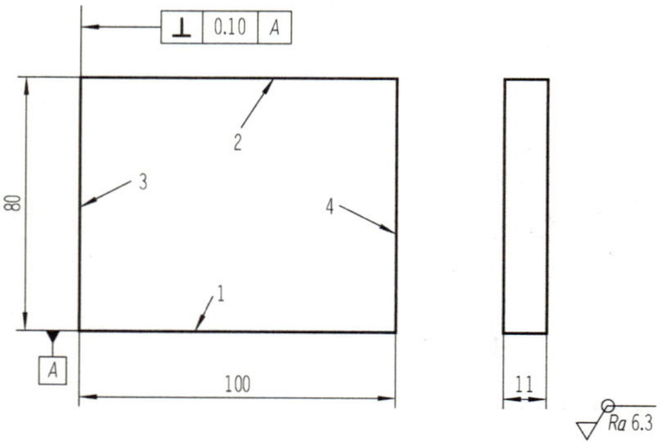

工序号	工序名称		材料
2	普铣加工		Q235
毛坯种类	毛坯外形尺寸	每件毛坯可制件数	每台件数
铣削件	100mm×80mm×11.5mm	1	1
设备名称	设备型号	设备编号	加工件数
炮塔铣床	QRD-4S	01	1
夹具编号	夹具名称		工序工时
01	通用夹具		30min

工步号	工步内容	刀具/工具	量具	夹具	切削速度/（m/min）	主轴转速/（r/min）	进给量/（mm/r）	切削深度/mm	走刀次数	切削时间/min
1	检	ϕ20mm 硬质合金立铣刀	游标卡尺、指示表	机用平口钳与机床主轴的平行度						
2	铣 1	ϕ20mm 硬质合金立铣刀（端面铣）	游标卡尺		100	1600	0.2	1	1	
3	铣 2	ϕ20mm 硬质合金立铣刀（端面铣）	游标卡尺		100	1600	0.2	1	2	
4	铣 3	ϕ20mm 硬质合金立铣刀（侧刃铣）	游标卡尺		100	1600	0.2	1.5	1	
5	铣 4	ϕ20mm 立铣刀（侧刃铣）	游标卡尺		100	1600	0.2	1.5	1	
6	检		游标卡尺							

表 2-23　卸料板机械加工工序卡 2

产品型号	零件名称	图号
SGBLLM-001	卸料板	SGBLLM-001-07

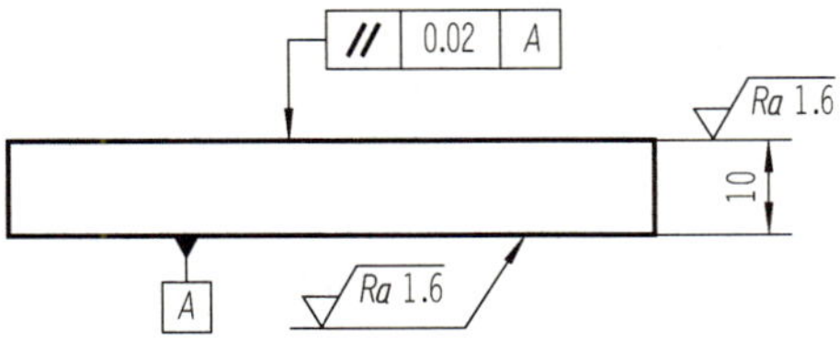

工序号	工序名称		材料
3	磨削加工		Q235
毛坯种类	毛坯外形尺寸	每件毛坯可制件数	每台件数
热处理后工件	100mm×80mm×11.5mm	1	1
设备名称	设备型号	设备编号	加工件数
手摇平面磨床	M720	01	1
夹具编号	夹具名称		工序工时
01	通用夹具		15 min

工步号	工步内容	刀具/工具	量具	夹具	切削速度/（m/min）	主轴转速/（r/min）	进给量/（mm/r）	切削深度/mm	走刀次数	切削时间/min
1	检查设备、砂轮									
2	装夹工件			电磁吸盘						
3	磨基准面 *A*	砂轮 350mm×75mm×35mm		电磁吸盘	1580	1440	0.25	0.08		
4	磨另一面	砂轮 350mm×75mm×35mm		电磁吸盘	1580	1440	0.25	0.08		
5	检									

表 2-24　卸料板机械加工工序卡 3

产品型号	零件名称	图号
SGBLLM-001	卸料板	SGBLLM-001-07

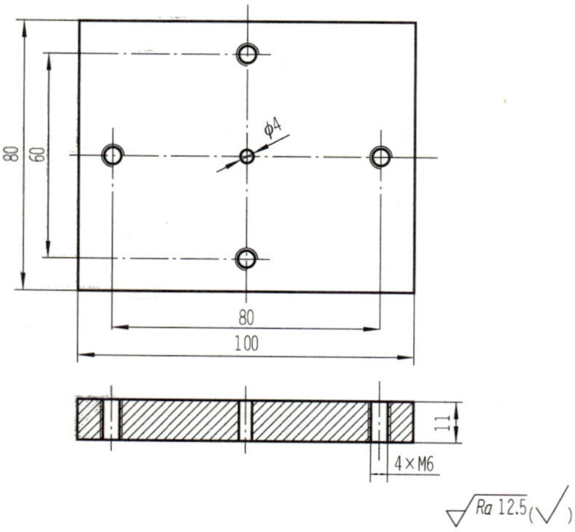

工序号	工序名称		材料
4	钳加工		Q235
毛坯种类	毛坯外形尺寸	每件毛坯可制件数	每台件数
铣削件	100mm×80mm×11mm	1	1
设备名称	设备型号	设备编号	加工件数
台钻	Z4112	01	1
夹具编号	夹具名称		工序工时
01	通用夹具		30min

工步号	工步内容	刀具/工具	量具	夹具	切削速度/（m/min）	主轴转速/（r/min）	进给量/（mm/r）	切削深度/mm	走刀次数	切削时间/min
1	检查划线工具									
2	钻ϕ4mm 穿丝孔	ϕ4mm 钻头	游标卡尺	机用平口钳	25	1600		2	1	
3	钻 4×M6 螺纹底孔	ϕ5mm 钻头	游标卡尺	机用平口钳	25	1600		2.5	1	
4	孔口倒角 *C*1.5	ϕ10mm 钻头	游标卡尺	机用平口钳	12	600				
5	攻 4×M6 螺纹孔	M6 丝锥、铰杠	游标卡尺	机用平口钳						
6	检									

表 2-25　卸料板机械加工工序卡 4

产品型号	零件名称	图号
SGBLLM-001	卸料板	SGBLLM-001-07

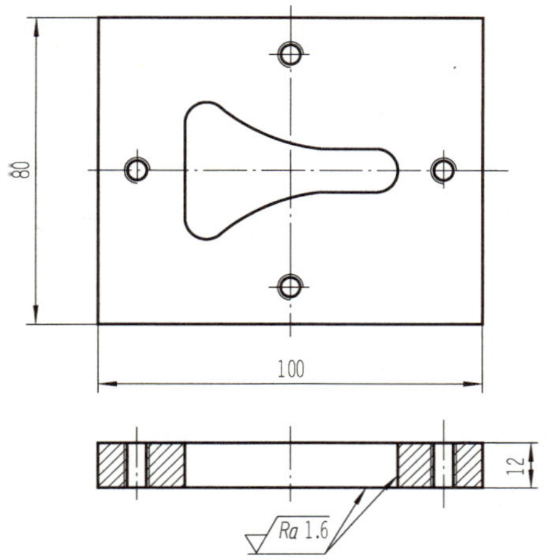

技术要求
1.内腔按凸模尺寸放大0.20mm的双边间隙线切割加工；
2.去锐。

工序号	工序名称		材料
5	线切割加工		Q235
毛坯种类	毛坯外形尺寸	每件毛坯可制件数	每台件数
磨削加工后工件	100mm×80mm×11mm	1	1
设备名称	设备型号	设备编号	加工件数
线切割加工机床	DK7732	01	1
夹具编号	夹具名称		工序工时
01	通用夹具		60min

工步号	工步内容	刀具/工具	量具	夹具	脉宽/μs	脉间/μm	脉冲幅值/V	功率管数/个	电流/A	速度/（mm^2/min）	切削时间/min
1	检查设备、钼丝、切削液		游标卡尺								
2	安装校正工件		指示表	压板							
3	校正钼丝		钼丝校正仪								
4	对钼丝、跳步、穿钼丝										
5	编程、割内腔	钼丝	游标卡尺		4	8	60	3	0.8	15	
6	检										

表 2-26　卸料板机械加工工序卡 5

产品型号	零件名称	图号
SGBLLM-001	卸料板	SGBLLM-001-07

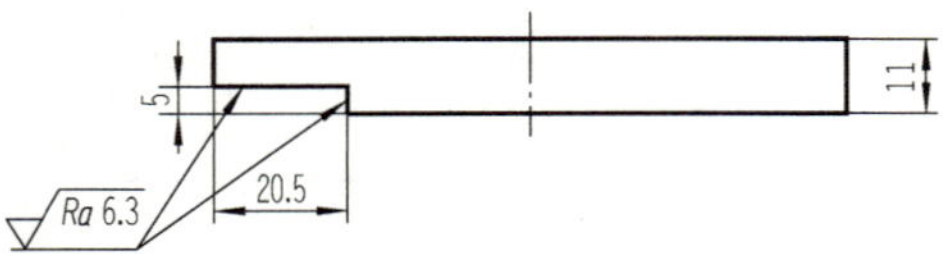

工序号	工序名称		材料
6	普铣加工		Q235
毛坯种类	毛坯外形尺寸	每件毛坯可制件数	每台件数
平面磨加工后工件	100mm×80mm×11mm	1	1
设备名称	设备型号	设备编号	加工件数
炮塔铣床	QRD-4S	01	1
夹具编号	夹具名称		工序工时
01	通用夹具		20min

工步号	工步内容	刀具/工具	量具	夹具	切削速度/(m/min)	主轴转速/(r/min)	进给量/(mm/r)	切削深度/mm	走刀次数	切削时间/min
1	检	ϕ20mm 硬质合金立铣刀	游标卡尺、指示表	机用平口钳与机床主轴的平行度						
2	铣 1	ϕ20mm 硬质合金立铣刀、等高垫铁	游标卡尺		100	1600	0.2	2	2	
3	铣 2	ϕ20mm 硬质合金立铣刀、等高垫铁	游标卡尺		100	1600	0.2	1	1	
4	检		游标卡尺							

2.2.6　加工导料板

导料板的加工工艺卡和机械加工工序卡见表 2-27～表 2-30。

表 2-27　导料板加工工艺卡

产品型号	产品名称	零件图号	零件名称	材料	数量
SGBLLM-001	水果刨落料模	SGBLLM-001-01	导料板	Q235	1

工件图

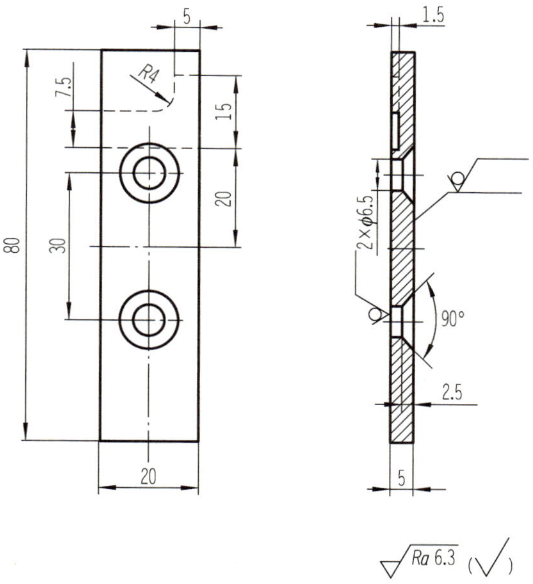

工序号	工序名称	工序内容及要求	设备	量具/检具
1	备料	取 Q235 钢板，锯割 83mm×23mm×5mm 坯料		
2	普铣加工	铣四周至尺寸 80mm×20mm，铣削深 1.5mm 的始用挡料销槽	普通铣床	
3	钳加工	按图样划出埋头孔中心位置，先钻ϕ7mm 通孔，后钻埋头孔	台钻	
4	检	检查外形及孔的尺寸精度		

表 2-28　导料板机械加工工序卡 1

产品型号	零件名称	图号
SGBLLM-001	导料板	SGBLLM-001-01

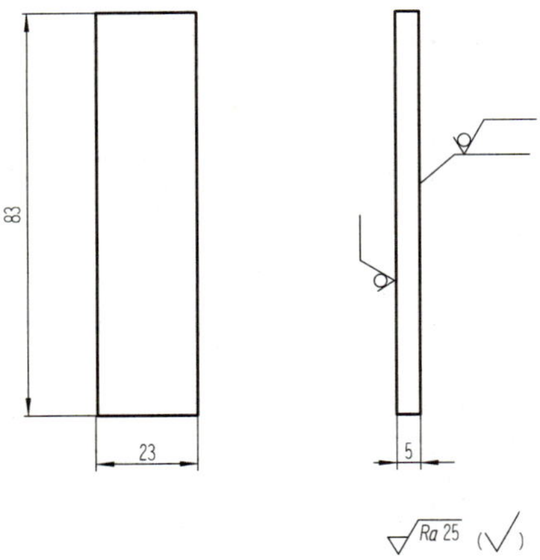

工序号	工序名称		材料
1	备料		Q235
毛坯种类	毛坯外形尺寸	每件毛坯可制件数	每台件数
外购剪板料		1	1
设备名称	设备型号	设备编号	加工件数
		01	1
夹具编号	夹具名称		工序工时
01	通用夹具		30min

工步号	工步内容	刀具/工具	量具	夹具	切削速度/（m/min）	主轴转速/（r/min）	进给量/（mm/r）	切削深度/mm	走刀次数	切削时间/min
1	划线	高度划线尺	游标卡尺							
2	锯	锯弓	游标卡尺	机用平口钳						
3	检		游标卡尺							

表 2-29　导料板机械加工工序卡 2

产品型号	零件名称	图号
SGBLLM-001	导料板	SGBLLM-001-01

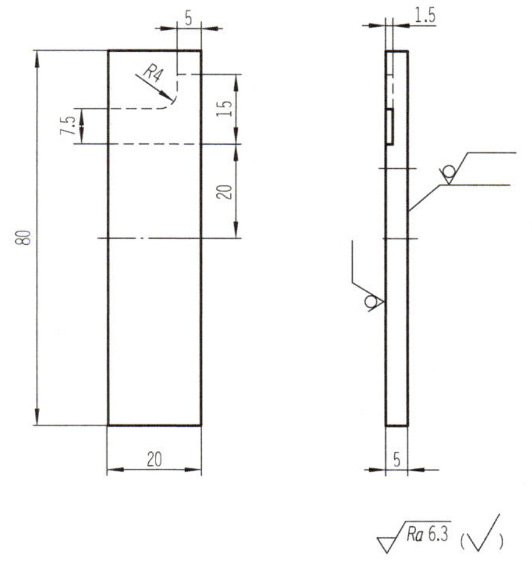

工序号	工序名称		材料
2	普铣加工		Q235
毛坯种类	毛坯外形尺寸	每件毛坯可制件数	每台件数
钳工锯削加工料	83mm×23mm×5mm	1	1
设备名称	设备型号	设备编号	加工件数
炮塔铣床	QRD-4S	01	1
夹具编号	夹具名称		工序工时
01	通用夹具		40 min

工步号	工步内容	刀具/工具	量具	夹具	切削速度/（m/min）	主轴转速/（r/min）	进给量/（mm/r）	切削深度/mm	走刀次数	切削时间/min
1	检	ϕ6mm 硬质合金铣刀	游标卡尺、指示表	机用平口钳与机床主轴的平行度						
2	铣基准面	ϕ6mm 硬质合金铣刀	游标卡尺	机用平口钳	100	1600	0.2	1	1	
3	铣 20mm 尺寸	ϕ6mm 硬质合金铣刀	游标卡尺	机用平口钳	100	1600	0.2	2	1	
4	铣侧面	ϕ6mm 硬质合金铣刀	游标卡尺	机用平口钳	100	1600	0.2	1	1	
5	铣 80mm 尺寸	ϕ6mm 硬质合金铣刀	游标卡尺	机用平口钳	100	1600	0.2	2	1	
6	铣槽	ϕ6mm 硬质合金铣刀	游标卡尺	机用平口钳	100	1600	0.2	1.5	1	
7	检									

表 2-30　导料板机械加工工序卡 3

<table>
<tr><td colspan="2">产品型号</td><td colspan="3">零件名称</td><td colspan="2">图号</td></tr>
<tr><td colspan="2">SGBLLM-001</td><td colspan="3">导料板</td><td colspan="2">SGBLLM-001-01</td></tr>
<tr><td colspan="3" rowspan="8">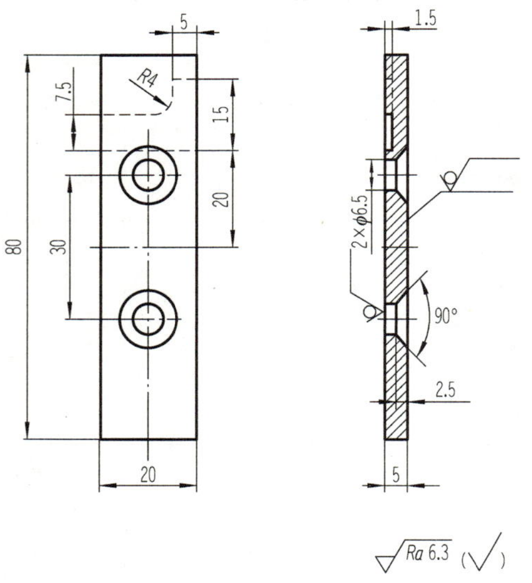</td><td>工序号</td><td colspan="2">工序名称</td><td>材料</td></tr>
<tr><td>3</td><td colspan="2">钳加工</td><td>Q235</td></tr>
<tr><td>毛坯种类</td><td>毛坯外形尺寸</td><td>每件毛坯可制件数</td><td>每台件数</td></tr>
<tr><td>钳工锯削加工料</td><td>80mm×20mm×5mm</td><td>1</td><td>1</td></tr>
<tr><td>设备名称</td><td>设备型号</td><td>设备编号</td><td>加工件数</td></tr>
<tr><td>台钻</td><td>Z4112</td><td>01</td><td>1</td></tr>
<tr><td>夹具编号</td><td colspan="2">夹具名称</td><td>工序工时</td></tr>
<tr><td>01</td><td colspan="2">通用夹具</td><td>30min</td></tr>
</table>

工步号	工步内容	刀具/工具	量具	夹具	切削速度/（m/min）	主轴转速/（r/min）	进给量/（mm/r）	切削深度/mm	走刀次数	切削时间/min
1	检查材料、钻头、划线工具		游标卡尺	机用平口钳						
2	划线	划线工具	高度划线卡尺							
3	钻 2×ϕ6.5mm 孔	ϕ6.5mm 钻头	游标卡尺	机用平口钳	25	1200				
4	锪 2×90° 沉孔	ϕ13mm 钻头	游标卡尺	机用平口钳	12	300				
5	检									

2.2.7　加工模柄

模柄的加工工艺卡和机械加工工序卡见表 2-31 和表 2-32。

表 2-31　模柄加工工艺卡（按两件编制）

产品型号	产品名称	零件图号	零件名称	材料	数量
SGBLLM-001	水果刨落料模	SGBLLM-001-06	模柄	Q235	1

工件图

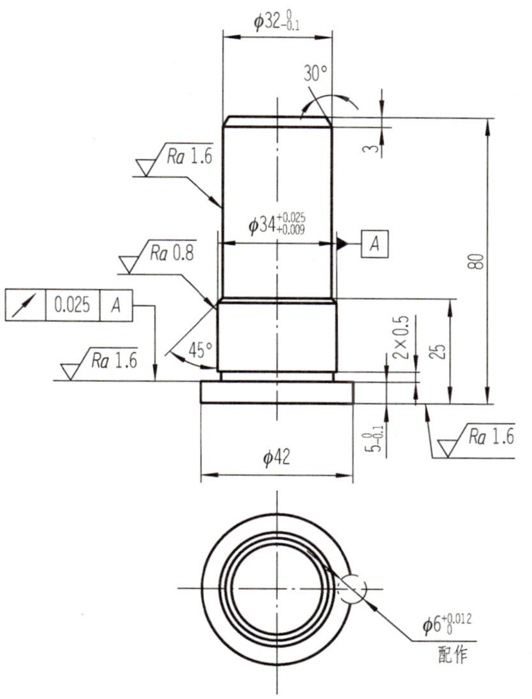

工序号	工序名称	工序内容及要求	设备	量具/检具
1	备料	锯割ϕ45mm×175mm（按两件下料）的 45 圆钢	锯床	游标卡尺
2	车端面、钻中心孔	车一端平面、钻中心孔，调头车平面、钻中心孔	普通车床	游标卡尺
3	粗车	一端粗车ϕ42mm、ϕ34mm、ϕ32mm 尺寸，各留 0.6～1mm 余量	普通车床	游标卡尺
4	半精车	一端半精车ϕ42mm、ϕ34mm、ϕ32mm 尺寸，各留 0.1mm 余量	普通车床	游标卡尺
5	精车	精车ϕ42mm、ϕ34mm、ϕ32mm 尺寸，达到公差尺寸	普通车床	千分尺
6	调头车			
7	粗车	一端粗车ϕ42mm、ϕ34mm、ϕ32mm 尺寸，各留 0.6～1mm 余量	普通车床	游标卡尺
8	半精车	一端半精车ϕ42mm、ϕ34mm、ϕ32mm 尺寸，各留 0.1mm 余量	普通车床	游标卡尺
9	精车	精车ϕ42mm、ϕ34mm、ϕ32mm 尺寸，达到公差尺寸	普通车床	千分尺
10	割断	按长度尺寸对开割断，车端面达到长度 80mm	普通车床	千分尺
11	检	检查所有尺寸精度		

表 2-32　模柄机械加工工序卡

产品型号	零件名称	图号
SGBLLM-001	模柄	SGBLLM-001-06

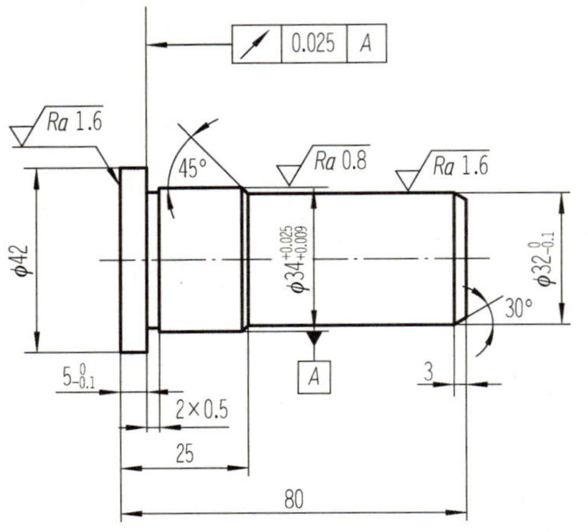

工序号	工序名称		材料
4	半精车		Q235
毛坯种类	毛坯外形尺寸	每件毛坯可制件数	每台件数
钳工锯削加工料	45mm×175mm（按两件下料）	2	2
设备名称	设备型号	设备编号	加工件数
普车	CA6140	01	2
夹具编号	夹具名称		工序工时
01	通用夹具		80min

工步号	工步内容	刀具/工具	量具	夹具	切削速度/（m/min）	主轴转速/（r/min）	进给量/（mm/r）	切削深度/mm	走刀次数	切削时间/min
1	准备	WT15	千分尺、游标卡尺	一夹一顶						
2	车两端、钻中心孔	中心钻								
3	粗车φ42mm	WT15				650	0.3	1.2	1	
4	粗车φ34mm	WT15				650	0.3	1.6	3	
5	粗车φ32mm	WT15				650	0.3	1.5	4	
6	半精车φ42mm	WT15				700	0.5	0.20	1	
7	半精车φ34mm	WT15				700	0.5	0.10	1	
8	半精车φ32mm	WT15				700	0.5	0.4	1	
9	精车φ42mm、φ34mm、φ32mm	WT15				800	0.5	0.1	1	
10	调头车各档尺寸			软爪一夹一顶						
11	倒角、割断					350				
12	车φ42mm 端面、长度 5mm									
13	检									

2.2.8　加工上模座

上模座的加工工艺卡和机械加工工序卡见表 2-33～表 2-35。

表 2-33　上模座加工工艺卡

产品型号	产品名称	零件图号	零件名称	材料	数量
SGBLLM-001	水果刨落料模	SGBLLM-001-04	上模座	HT200	1

工件图

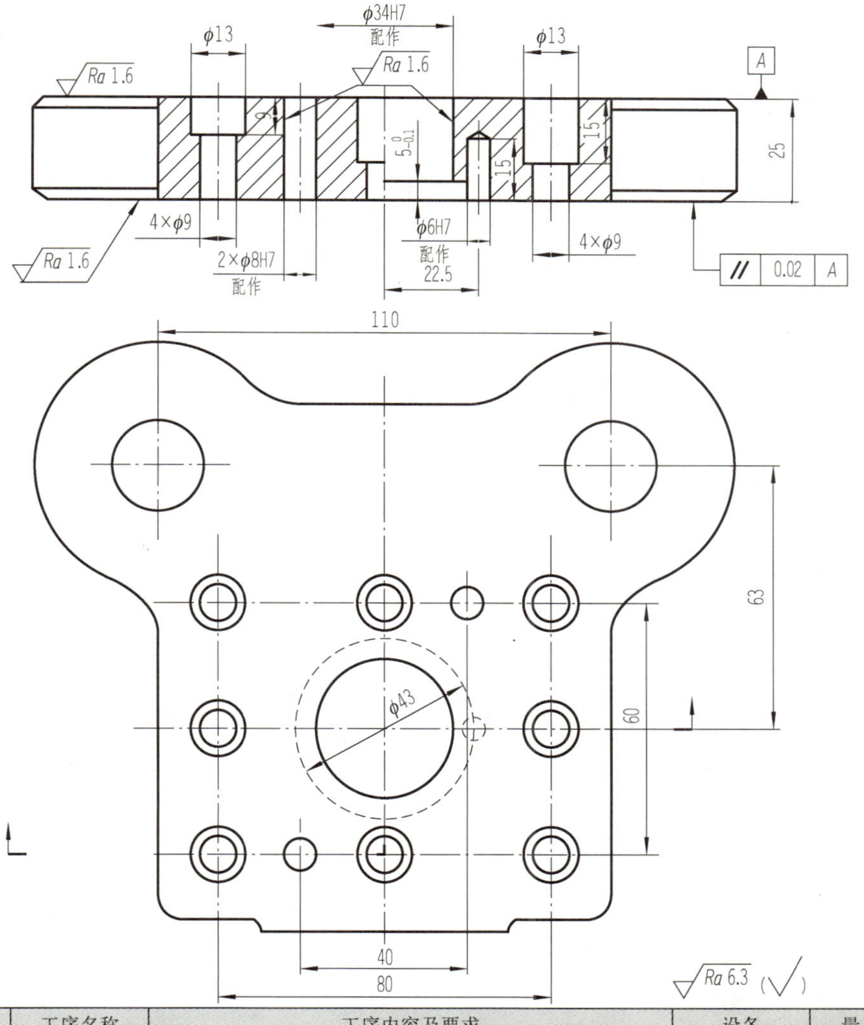

工序号	工序名称	工序内容及要求	设备	量具/检具
1	准备	1. 检查上模座的平行度、等高垫铁、压板、螺栓和螺母； 2. 检查数控铣床运行情况		指示表
2	装夹找正	1. 用等高垫铁安装，用压板、螺栓压紧上模座； 2. 以导套为基准找正	数控铣床	指示表
3	铣孔	铣ϕ34mm 通孔、ϕ43mm×5 沉孔	数控铣床	游标卡尺
4	点孔	点出 8×ϕ9mm、2×ϕ8mmH7 加工位置的中心窝孔	数控铣床	游标卡尺
5	孔加工	1. 钻 8×ϕ9mm 通孔，锪ϕ13mm 沉孔，深度 9mm； 2. 钻 2×ϕ8mmH7 底孔ϕ6mm	台钻	游标卡尺
6	检	检查各尺寸精度		

表 2-34　上模座机械加工工序卡 1

产品型号	零件名称	图号
SGBLLM-001	上模座	SGBLLM-001-04

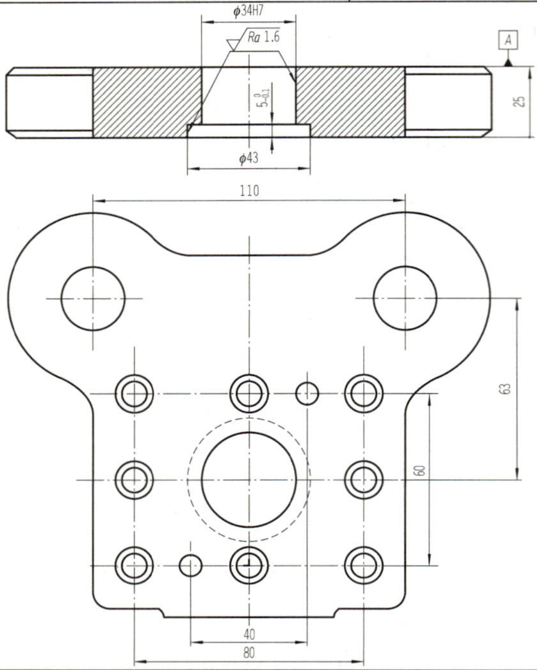

工序号	工序名称		材料
3、4	铣孔、点孔		HT200
毛坯种类	毛坯外形尺寸	每件毛坯可制件数	每台件数
标准件（铸铁）	180mm×146mm×25mm	1	1
设备名称	设备型号	设备编号	加工件数
数控铣床	CY-KX850LD	01	1
夹具编号	夹具名称		工序工时
01	通用夹具		120 min

工步号	工步内容	刀具/工具	量具	夹具	主轴转速 S /（r/ min）	进给速度 F /（mm/min）	步距 /mm	每刀切削深度 /mm	余量 /mm	铣削方式
1	装夹找正		指示表	等高垫铁、压板						
2	模柄孔粗加工	ϕ20mm$R$0.8mm 四刃钨钢铣刀	数显游标卡尺		2000	2500	15	0.2	0.3	等高层加工
3	ϕ34mmH7 孔半精加工	ϕ12mm 四刃钨钢铣刀	三点内测千分尺		2400	400	0.15	10	0.15	精加工壁
4	ϕ34mmH7 孔精加工	ϕ12mm 四刃钨钢铣刀	三点内测千分尺		3000	400	0.15	10	0	精加工壁
5	ϕ43mm 孔精加工	ϕ12mm 四刃钨钢铣刀	深度尺		3000	400	0.15	5	0	轮廓铣
6	上模座点孔	90° ϕ6mm 定向钻		等高垫铁、压板	1800	50		0.8		点孔
7	检									

表 2-35　上模座机械加工工序卡 2

产品型号	零件名称	图号
SGBLLM-001	上模座	SGBLLM-001-04

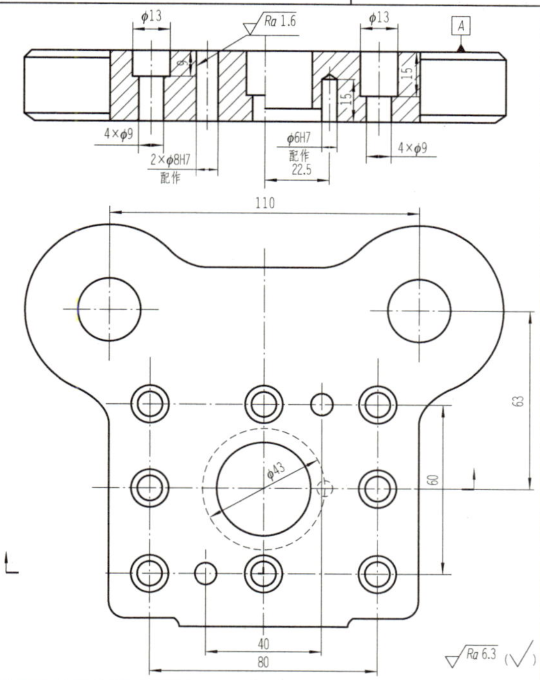

工序号	工序名称		材料
5	孔加工		HT200
毛坯种类	毛坯外形尺寸	每件毛坯可制件数	每台件数
数铣点孔转下	180mm×146mm×25mm	1	1
设备名称	设备型号	设备编号	加工件数
台钻	Z4112	01	1
夹具编号	夹具名称		工序工时
01	通用夹具		60 min

工步号	工步内容	刀具/工具	量具	夹具	切削速度/（m/min）	主轴转速/（r/min）	进给量/（mm/r）	切削深度/mm	走刀次数	切削时间/min
1	准备	ϕ9mm、ϕ13mm 钻头、平钻头	游标卡尺	机用平口钳						
2	钻 8×ϕ9mm 通孔	ϕ9mm 钻头	游标卡尺	机用平口钳	25	1600		2.5	1	
3	锪 8×ϕ13mm 沉孔	ϕ13mm 钻头、ϕ13mm 平钻	游标卡尺	机用平口钳	12	480		2	1	
4	2×ϕ8mmH7	ϕ7.8mm 钻头	游标卡尺	机用平口钳	25	1600		3.9	1	
5	上述各孔口倒角 C1.5	ϕ16mm 锪钻	游标卡尺	机用平口钳	12	480				
6	检									

2.2.9　加工下模座

下模座的加工工艺卡和机械加工工序卡见表 2-36～表 2-38。

表 2-36　下模座加工工艺卡

产品型号	产品名称	零件图号	零件名称	材料	数量
SGBLLM-001	水果刨落料模	SGBLLM-001-09	下模座	HT200	1

工件图

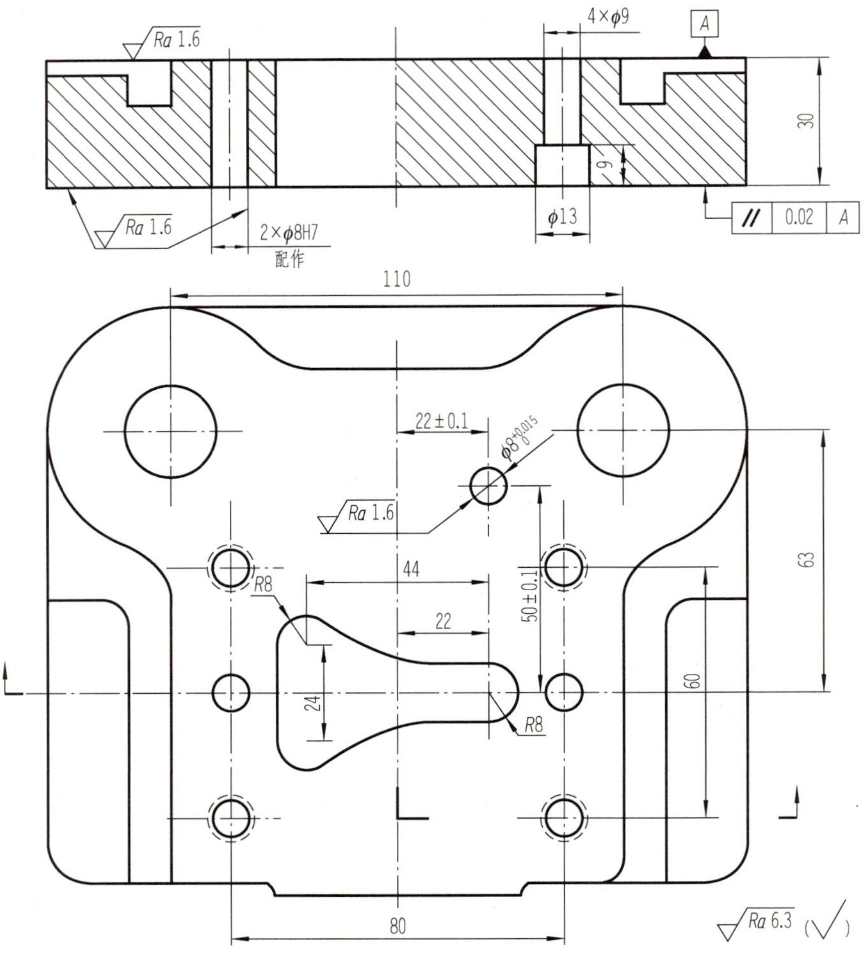

工序号	工序名称	工序内容及要求	设备	量具/检具
1	准备	1．检查上模座的平行度、等高垫铁、压板、螺栓和螺母 2．检查数控铣床运行情况		指示表
2	装夹找正	1．用等高垫铁安装，用压板、螺栓压紧上模座 2．以导套为基准找正		指示表
3	铣孔、点孔	铣下料孔，点出 4×ϕ9mm，2×ϕ8mmH7（配作）、ϕ8mmH7 加工位置的中心孔	数控铣床	
4	孔加工	1．钻 4×ϕ9mm 通孔，锪ϕ13mm 沉孔，深度 9mm 2．钻 2×ϕ8mmH7（配作）的底孔ϕ6mm，钻铰ϕ8mmH7 孔	台钻	
5	检	检查各尺寸精度		

表 2-37　下模座机械加工工序卡 1

产品型号	零件名称	图号
SGBLLM-001	下模座	SGBLLM-001-09

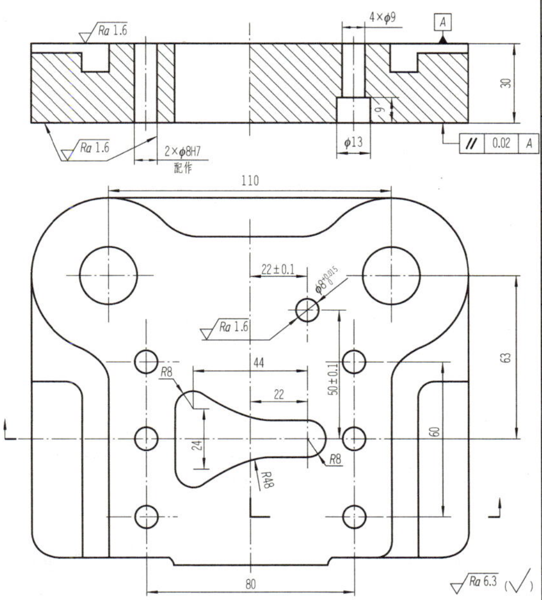

工序号	工序名称		材料
3	铣孔、点孔		HT200
毛坯种类	毛坯外形尺寸	每件毛坯可制件数	每台件数
标准件（铸铁）	180mm×146mm×30mm	1	1
设备名称	设备型号	设备编号	加工件数
数控铣床	CY-KX850LD	01	1
夹具编号	夹具名称		工序工时
01	通用夹具		60 min

工步号	工步内容	刀具/工具	量具	夹具	主轴转速 *S* /（r/ min）	进给速度 *F* /（mm/min）	步距 /mm	每刀切削深度/mm	余量 /mm	铣削方式
1	装夹找正		指示表	等高垫铁、压板						
2	钻下刀孔	φ12mm 钻头			30	420		3	0	啄钻
3	加工下料孔	φ10mm 四刃钨钢铣刀	游标卡尺		2400	1500	0.2	15	0	2D 高速铣
4	点孔	90° φ6mm 定向钻		等高垫铁、压板	1800	50		0.8		点孔
5	检									

表 2-38　下模座机械加工工序卡 2

产品型号	零件名称	图号
SGBLLM-001	下模座	SGBLLM-001-09

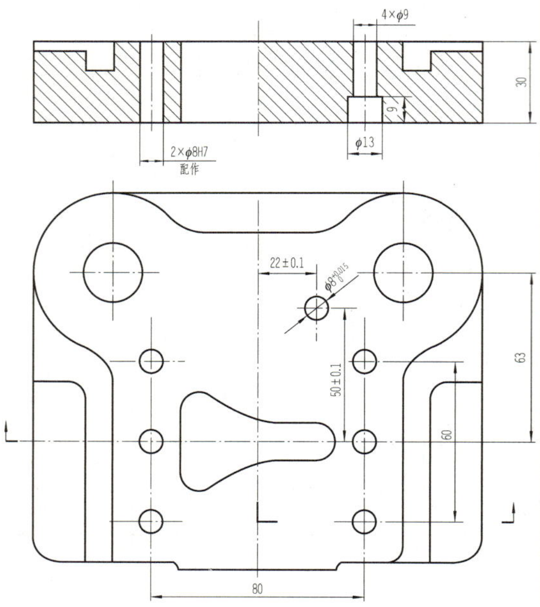

工序号	工序名称		材料
5	孔加工		HT200
毛坯种类	毛坯外形尺寸	每件毛坯可制件数	每台件数
数铣点孔转下	180mm×146mm×25mm	1	1
设备名称	设备型号	设备编号	加工件数
台钻	Z4112	01	1
夹具编号	夹具名称		工序工时
01	通用夹具		100 min

工步号	工步内容	刀具/工具	量具	夹具	切削速度/(m/min)	主轴转速/(r/min)	进给量/(mm/r)	切削深度/mm	走刀次数	切削时间/min
1	准备	φ9mm、φ6mm、φ7.8mm、φ13mm 钻头、φ13mm 平钻头、φ8mmH7 铰刀	游标卡尺	机用平口钳						
2	钻 4×φ9mm 通孔	φ9mm 钻头	游标卡尺	机用平口钳	25	1600		2.5	1	
3	锪 4×φ13mm 沉孔	φ13mm 钻头、φ13mm 平钻	游标卡尺	机用平口钳	12	480		2	1	
4	钻 2×φ8mm H7 的底孔	φ6mm	游标卡尺	机用平口钳	25	1600		3	1	
5	钻φ8mmH7 的底孔	φ7.8mm 钻头	游标卡尺	机用平口钳	25	1600		3.9	1	
6	铰φ8mmH7 孔	φ8mmH7 机铰刀	塞规	机用平口钳	12	480		0.1	1	
6	上述各孔口倒角 C1.5	φ16mm 锪钻	游标卡尺	机用平口钳	12	480				
7	检									

2.2.10　操作测评

本任务的评价表见表 2-39。

表 2-39　零件制造评价表

序号	检查内容	评分标准	分值	学生自评	教师评价
1	凸模	工艺规范、尺寸正确	10		
2	凹模	工艺规范、尺寸正确	10		
3	凸模固定板	工艺规范、尺寸正确	10		
4	凸模垫板	工艺规范、尺寸正确	10		
5	卸料板	工艺规范、尺寸正确	10		
6	导料板	工艺规范、尺寸正确	10		
7	模柄	工艺规范、尺寸正确	10		
8	上模座	工艺规范、尺寸正确	10		
9	下模座	工艺规范、尺寸正确	10		
10	工具、量具的使用	使用规范、保养合理	10		
合计			100		

知识拓展

模具加工中常用加工设备及应用

1. 磨床加工

对于模具加工来说，磨床加工是必不可少的加工工艺，模具加工中用到磨床加工的场合非常多。

1）用于对模具零件的水平面、垂直面、斜面的磨削加工，也可以通过对砂轮进行成形修整后，完成形状比较简单的曲面等成形面的磨削。

2）用于磨削导套、导柱之类的内、外圆柱（锥）面，以及砂轮修磨后对成形回转表面的磨削加工。

3）用于对精密孔系及型孔的磨削加工，也可以利用 CNC 技术完成对复杂型面的磨削加工。

模具制造中最常用的就是平面磨床加工，平面磨床加工属于微加工工艺，相对于车、铣加工，磨床加工的速度很慢，但相对于电火花放电、线切割加工，它的速度是很快的，而且磨床加工的定位是为了解决工件的平面度问题和工件三面基准面的直角问题。它主要强调加工的精度，而不是加工的速度。一般情况下，工件经过铣床粗加工后，都要再用平面磨床来加工。

影响平面磨床加工精度的因素包括：①滑动座滑动平面度；②砂轮主轴的圆跳动精度；③砂轮的质量；④磁盘平面的动态平面度；⑤磨削进给量；⑥磨床相关附件，如机用平口钳等的精度。

2. 普通铣床加工

铣削加工是利用铣刀在铣床上切去毛坯余量，获得一定尺寸精度、表面形状、位置精度及表面粗糙度的零件。在模具零件中，由于大多数零件均需要进行平面加工、孔系加工、沟槽加工、曲面加工及成形表面加工，而铣床是最适合这些表面加工的，因此铣床在模具制造过程中应用最为广泛。

目前，大部分的普通铣床都安装了电子显示系统，使加工时的碰数、分中、校表、即时加工跳动量、归零读数等得到了改善，大幅度提高了加工精度。

3. 钻床加工

钻床是一种孔加工设备，用于钻孔、扩孔、铰孔、攻螺纹及修刮端面等多种形式的加工。在模具加工中，常用的钻床有台式钻床和摇臂钻床两种。

1）台式钻床是最基本、也是最简单的设备，用于粗加工或者要求不是很高的孔加工，有的也可以攻螺纹等，它的加工通常是扩孔加工或对点加工。其精度较难保证，很多台式钻床没有 X、Y 工作台，更没有进给刻度显示。但模具加工中还是经常要用到台式钻床加工的，它也是模具加工中必备的加工设备。

2）摇臂钻床是主轴箱在摇臂上移动，并随摇臂绕立柱回转的钻床。摇臂还可沿立柱上下移动，以加工不同高度的工件。较小的工件可安装在工作台上，较大的工件可直接放在机床底座或地面上。摇臂钻床广泛应用于单件和中小批生产中，加工体积和质量较大的工件的孔。摇臂钻床加工范围广，可用来钻削大型模具的各种螺钉孔、螺纹底孔和油孔。

4. 数控电火花线切割加工

在模具加工中，要用到数控电火花线切割的地方非常多。它与电火花成形加工一样，也是专门用来解决车、铣加工的“死角”问题的。所不同的是，电火花加工成形可以解决不穿孔的“死角”，而数控电火花线切割必须是通孔的“死角”。数控电火花线切割的加工特性，可以通俗地理解成像锯木头一样，必须整个打穿或者锯断工件。数控电火花线切割加工的主要工艺指标如下：

1）切割速度。线切割加工属微量加工，加工速度很慢。切割速度又称加工速度，是指在保持一定表面粗糙度的切割加工过程中，单位时间内电极中心线在工件上切过的面积总和，单位为 mm^2/min。

2）切割精度。线切割加工后，工件的尺寸精度、形状精度（如直线度、平面度、圆度等）和位置精度（如平行度、垂直度、倾斜度等）称为切割精度。快走丝的切割精度可达 0.01mm，一般为±（0.015～0.02）mm；慢走丝的切割精度可达±0.001mm。

3）表面粗糙度。线切割加工中工件的表面粗糙度通常用轮廓算术平均偏差 *Ra* 来表示。快走丝线切割的 *Ra* 值一般为 2.25～1.25μm，最低可达 1.25～0.63μm；慢走丝线切割的 *Ra* 值可达 0.35μm。

4）电极丝的损耗。数控电火花线切割加工中，电极丝的损耗影响其连续自动操作的进行。尤其是在快走丝电火花线切割中，因电极丝在加工中的反复使用，随着电极丝损耗的增加，切缝越来越窄，不仅会使加工面的尺寸误差增大，还会影响加工的表面质量。以钼丝快走丝线切割加工为例，在切割一段时间后钼丝直径会变小，当小到ϕ0.13mm 时，一般就不再使用了，因为太细易断丝。从ϕ0.18mm 到ϕ0.13mm，丝径的变化是一个渐变的过程，对线切割加工的精度会造成很大的影响，这个渐变过程造成的加工精度偏差通常是通过线切割机操纵人员的经验来进行补偿的。

5. 钳工加工

模具零件常用的钳工方法有以下四种。

1）单个零件直接按划线位置钻孔。

2）配钻。通过已钻铰的孔对另一零件进行钻孔、铰孔。

3）同钻铰。将有关零件粘紧或夹紧成一体后，同时钻孔、铰孔。

4）采用复合钻头。复合钻头（图 2-14）能一次性同时钻底孔和沉孔。

图 2-14 复合钻头

6. 数控铣削加工

数控铣削在模具加工中的应用目的同普通铣床一样，这里不再赘述。数控铣削加工除了具有普通铣床加工的特点外，还具有如下特点：

1）零件加工的适应性强、灵活性好，能加工轮廓形状特别复杂或难以控制尺寸的零件，如模具类零件、壳体零件等。

2）能加工普通机床无法加工或很难加工的零件，如用数学模型描述的复杂曲线零件及三位空间曲面类零件。

3）能加工一次装夹定位后需进行多道工序加工的零件。

4）加工精度高，加工质量稳定可靠。

5）生产自动化程度高，可以减轻操作者的劳动强度，有利于生产管理自动化。

6）生产效率高。

7）根据切削原理，无论是端铣或是周铣都属于断续切削方式，而不像车削那样连续切削，因此对刀具的要求较高，要求刀具具有良好的抗冲击性、韧性和耐磨性。在干式切削状况下，还要求刀具具有良好的红硬性。

技能拓展

模具加工中的攻螺纹、线切割及铣削工艺处理

1. 攻螺纹工艺

（1）手工攻螺纹与机器攻螺纹工艺步骤

手工攻螺纹的工艺步骤如下：计算底孔直径，选择钻头→正确安装工件和钻头→钻削螺纹底孔，孔口倒角便于丝锥切入→正确安装丝锥→中心施压，引导丝锥顺利切入底孔→切入 2～3 牙后，用角尺检验丝锥与工件基准面的垂直度→分别使用粗、中、精锥，按工艺顺序攻切螺孔→每旋进 1～2 圈，应反转丝锥 1/2 圈断屑排屑；不通孔螺纹应适时退锥排屑→通孔螺纹校准部分不能全部出头→铰杠平稳反转退出丝锥，当感觉能用手动旋退时，改用手旋出丝锥，以防止铰杠偏摆影响螺纹质量或折断丝锥。

机器攻螺纹的工艺步骤如下：选择钻头钻底孔→正确安装丝锥，使螺孔、丝锥轴线与机床主轴重合→适当施压，手动引导丝锥切入工件→切削部分全部切入工件后，应停止施压，使丝锥自动旋进攻切螺纹→攻到确定深度时，机床反转退出丝锥。机器攻螺纹的切削速度见表 2-40。

表 2-40　机器攻螺纹的切削速度选择表

工件材料	切削速度 V/（m/min）	工件材料	切削速度 V/（m/min）
一般钢材或调质钢	6～15	不锈钢	2～7
较硬钢	5～10	铸铁	8～10

注：丝锥直径较小时，取较大值；丝锥直径较大时，取较小值。

（2）丝锥折断处理方法

一般模具零件的价值较高，在进行模具零件的攻螺纹加工时，应特别注意防止丝锥折断。一旦产生断锥现象，必须设法去除断锥，否则将会造成极大损失。根据实际使用情况，攻螺纹断锥后的取出方法如下：

1）当丝锥断口露出孔口时，可使用钳子反向旋转或用錾子反向敲击旋出丝锥。

2）当丝锥断在靠近孔口处时，可使用旋取器取出断锥。当没有合适的旋取器时，也可在断锥的前部拧上两个螺母，在容屑槽内插入钢丝，其数量与容屑槽数相同，直径尽可能大，然后用铰杠反转退出丝锥。

3）可使用电火花熔掉断锥，也可在断锥面上堆焊弯杆或螺钉，然后反转退出断锥。

4）可利用退火降低断锥硬度，利用麻花钻重钻底孔后再攻螺纹。

2. 线切割加工工艺

（1）线切割加工时穿丝孔直径与位置的确定

1）穿丝孔直径大小应适当，一般为ϕ2～8mm。如果穿丝孔直径过小，既增加钻孔难度又不方便穿丝。如果穿丝孔直径过大，则会增加钳工工作量。

2）穿丝孔既是电极丝相对于零件运动的起点，又是线切割程序执行的起点（或称为程序“零点”），一般应选择在工件的基准点处。

3）对于凸模类零件，通常在坯件内部外形附近预制穿丝孔，且切割时运动轨迹与坯件边缘距离应大于 5mm。

4）切割凹模（或孔腔）类零件时，穿丝孔的位置一般可选在待切割型孔（腔）的边角处，以缩短无用轨迹，并力求使之最短。

5）若切割圆孔型孔类零件，可将穿丝孔位置选在型孔中心，这样便于编程与操作加工。

6）穿丝孔应在零件淬硬之前加工好，且加工后应清除孔中铁屑、杂质。

（2）正确选择线切割加工的路径

线切割编程中，切割起始点和切割路线选择得合理与否，将直接影响工件变形的大小，并影响加工精度。为了防止模具零件的变形与裂纹，提高加工质量，应慎重选择切割路线。

1）线切割的起始点应选择比较平坦、易精加工或对工件性能影响较小的部位。

2）尽量避免从工件端面直接开始切割，对于一些精度要求高的零件，电极丝不可从坯件外部切入，而应将切割起始点选择在坯件预制的穿丝孔中。

3）切割路线应与工件的外边缘（端面或侧面）保持一定的距离，要求不小于 5mm。

4）尽可能将工件与其夹持部分的最后割离线段安排在切割路线的末端。

5）若要在一块坯件上切出两个以上零件，应从不同的预制孔（穿丝孔）起始切割加工，而不宜一次连续切割出来。

6）当切割高精度型孔（腔）类凹模零件时，可采用二次切割法，即第一次粗切割型孔，各边留 0.1～0.5mm 余量，以补偿粗切割后由于内应力重新分布而产生的变形；第二次精切割，以减少变形，提高加工精度。

此外，对于一些形状复杂、壁厚、截面变化大的大型模具零件，宜采用多次切割法。通常，对所要求的尺寸单边留 2～3mm 余量进行粗切割，待工件释放较多变形后，再单边留 0.05～0.10mm 余量进行半精加工，最后精加工至要求尺寸。这是提高模具零件线切割加工精度行之有效的方法。

3. 铣削加工工艺

（1）铣削加工禁忌

1）忌采用逆铣方式。因为逆铣时，刀片切入前产生强烈摩擦，造成加工表面硬化，使下一个刀齿难以切入，所以应尽量采用顺铣，这样会取得更好的加工效果。

2）忌随意确定铣刀直径与径向铣削宽度。顺铣时，应使铣削宽度大约等于铣刀直径的 2/3，这样可保证切削刃一开始就能立即切入工件，几乎没有摩擦。如果小于铣刀直径的 1/2，则刀片又开始“摩擦”工件，因为切入时切削厚度变小，每齿进给量也将随径向切削宽度的变窄而减小。“摩擦”的结果是使刀具寿命缩短，对于硬质合金刀具，增加每齿进给量和减小背吃刀量是比较有利的。所以粗铣时，若径向切削宽度小于铣刀半径，增加进给量，其刀具寿命将会提高，加工时间将会随之缩短。当然，精铣需要工件表面光洁，所以应限制进给量。

3）忌加工前不思考正确的冷却方式。加工合金时会产生大量的切削热，应考虑选用适当、有效的冷却方式，以减小刀具磨损。

（2）振动现象及表面粗糙度差的处理方法

1）铣削加工出现振动的解决办法包括提高刀体与工件的稳定性、改变刀体位置、最小化刀具悬伸量、提高进给量、降低切削速度、减小背吃刀量。

2）铣削加工表面粗糙度差的解决办法包括提高刀体与工件的稳定性、最小化刀具悬伸量、降低进给量、提高切削速度、使用切削液、使用修光刃刀片。

思考与练习

1. 水果刨落料模的工艺零件和结构零件各包括哪些？
2. 水果刨落料模的排样图有什么特点？
3. 简述水果刨落料模的工作原理。

4. 简述线切割加工的注意事项。
5. 如何确定线切割加工的穿丝孔和直径？
6. 如何正确选择线切割加工的路径？
7. 影响平面磨床加工精度的因素有哪些？
8. 模具零件常用孔的钳加工方法有哪几种？
9. 模具数控铣削加工的特点是什么？

项目3 模具装配

◎ **项目描述**

当所有的模具零件都制造完成后，就进入了模具装配阶段。在装配前要对模具零件重新进行检查、清洗，并对照装配要求和规范进行部件和零件的装配。

◎ **知识目标**

1. 掌握零件装配的技术要求。
2. 掌握部件的装配技术要求。
3. 掌握凸、凹模间隙调整的方法。

◎ **技能目标**

1. 能够合理规范地使用装配工具。
2. 能够装配出合格的过渡配合件。
3. 能够钻配骑缝销、固定销。
4. 能够调整凸、凹模的装配间隙。

任务3.1 模具装配前的准备工作

◎ 任务描述

与其他设备、机器装配的过程一样，模具装配之前也要做好充分的准备工作。准备的内容有检查量具、工具，清洗模具零件等。

◎ 任务目标

1. 能够检查并校对量具。
2. 能够清洗并合理摆放零件。

1. 量具准备

装配时常用的量具见表 3-1。游标卡尺用于检查零线刻度的准确性，刀口角尺用于检查刀口部分有无飞边，塞尺用于检查模具间隙。

表 3-1 装配时常用的量具

名称	图示	规格及用途
游标卡尺	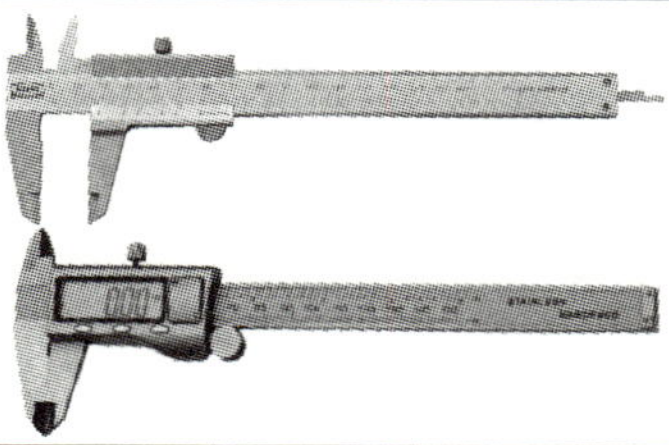	规格：0～150mm，测量凹模的位置
刀口形直角尺	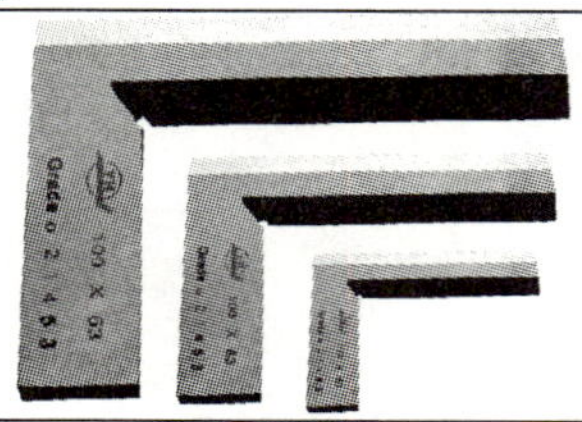	规格：63mm×100mm，测量模具组合件的垂直度
塞尺	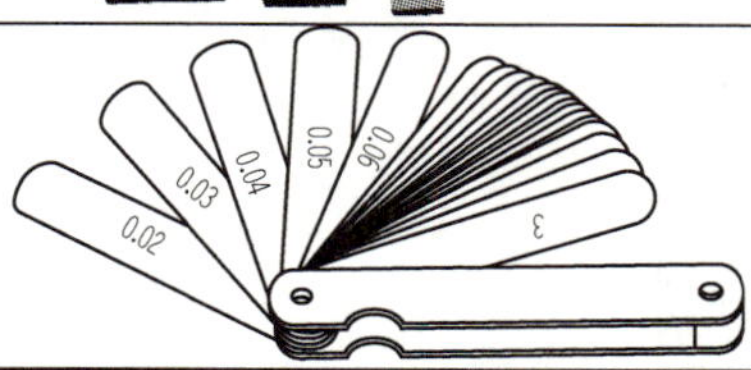	规格：0.02～0.1mm，用于测量模具间隙

2. 工具准备

装配时常用的工具见表 3-2。

表 3-2　装配时常用的工具

名称	图示	规格及用途
铜棒	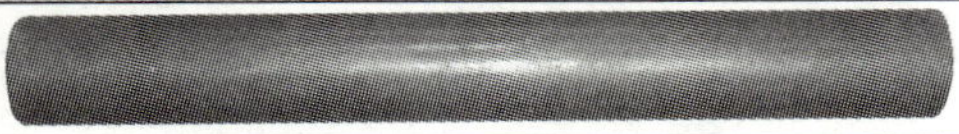	规格：ϕ20mm×250mm，装配销钉等配合件
锤子		规格：1.5P，装配销钉等配合件
内六角扳手	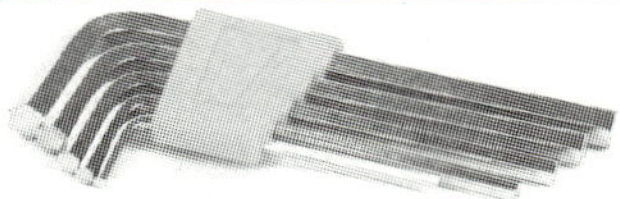	规格：4～6mm，拧内角螺钉
丝锥		规格：M6、M8，加工螺孔
机用铰刀		规格：ϕ8mmH7，加工固定销孔
手用铰刀		规格：ϕ8mmH7，加工固定销孔
铰杠	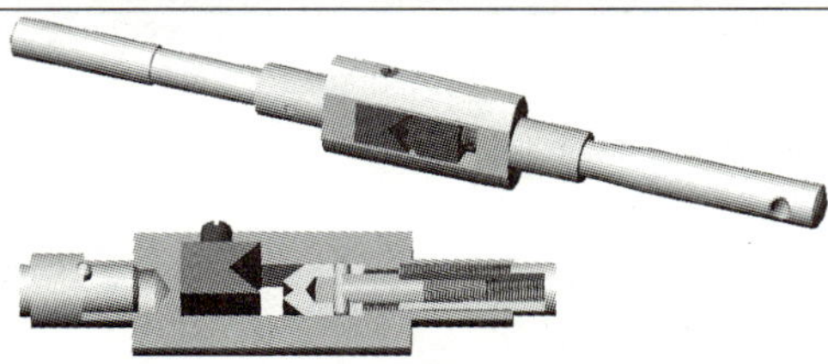	规格：250mm，与丝锥、手用铰刀配合加工螺孔、销孔
机油枪	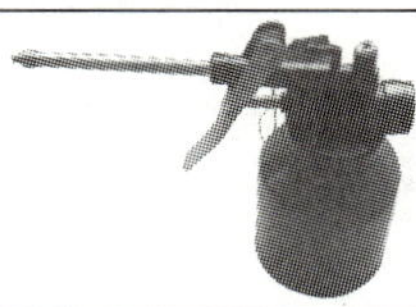	攻螺纹或铰孔时加润滑油
压板、压板螺钉	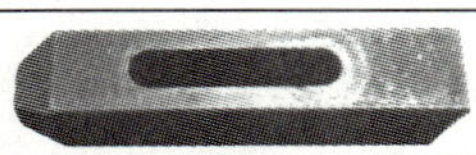 	装配下模时压紧凹模与下模座
标准麻花钻		规格：ϕ6.8mm、ϕ8mm、ϕ9mm、ϕ11mm、ϕ13mm 等，装配时钻孔
平钻	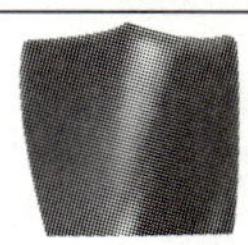	规格：ϕ11mm、ϕ13mm，加工沉孔
风枪		清理模具零件

续表

名称	图示	规格及用途
锪钻		加工孔口倒角
模柄套	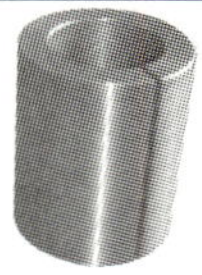	装配在原来的模柄上，以适应不同的冲床模柄孔
自定心卡盘		通用夹具

3. 检查并清洗零件

装配之前需要检查零件是否合格并进行清洗。清洗时可以用压缩空气吹，也可以用金属清洗剂清洗，再用棉纱擦干净。已完成的模具零件及标准件见表 3-3。

表 3-3 已完成的模具零件及标准件

名称	图示	名称	图示
凸模	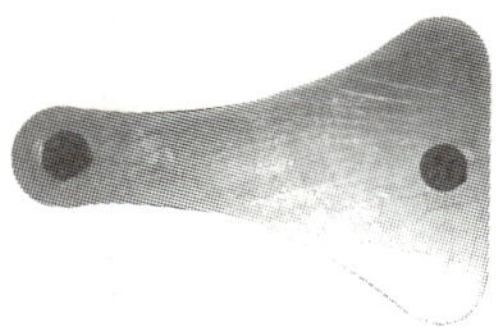	凸模垫板	
凸模固定板		卸料橡胶	
卸料板	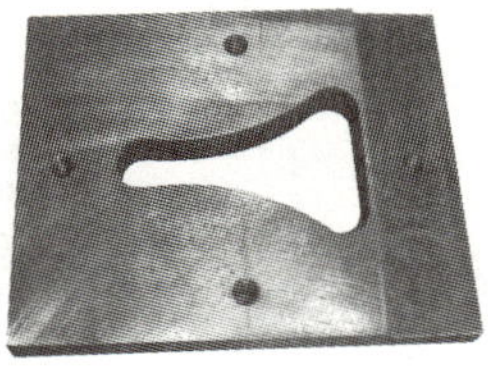	凹模	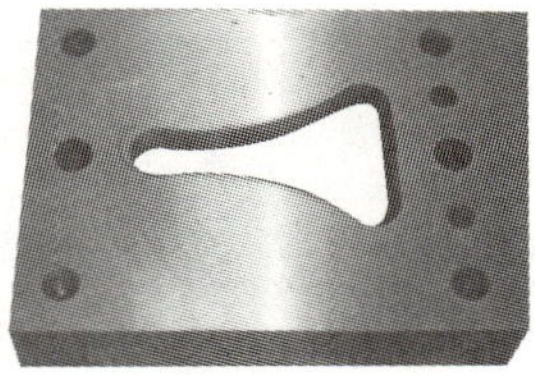

续表

名称	图示	名称	图示
导料板	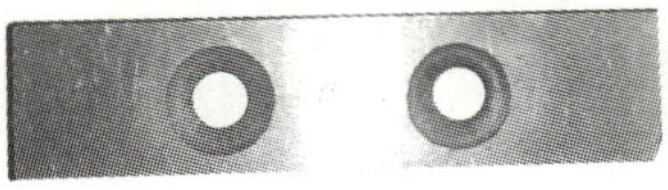	模柄	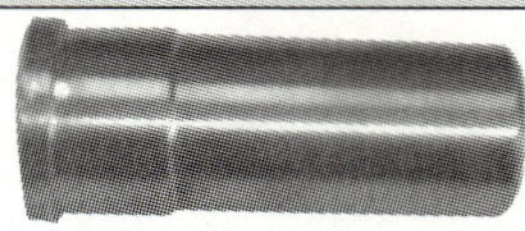
上模座	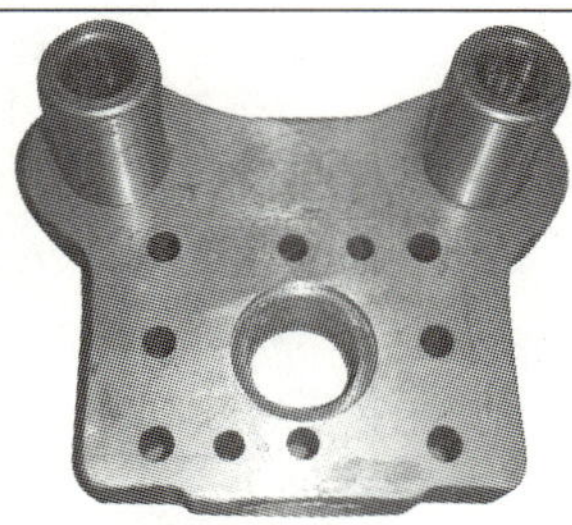	下模座	
圆柱销	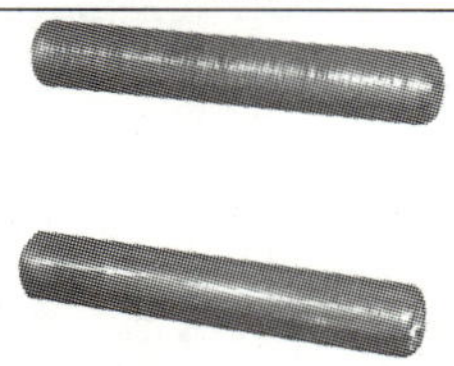	内六角圆柱头螺钉、十字槽沉头螺钉	

任务3.2 装配模具部件

◎ 任务描述

将经过加工的两个或两个以上的模具零件组合装配成最小的装配单元，称为模具的部件装配。具体的装配任务有装配模柄、装配凸模与凸模固定板、装配凹模等。

微课：装配凸模和凸模固定板　　微课：装配凹模

◎ 任务目标

1. 能做好装配前的准备工作。
2. 能规范装配的整个过程，会进行装配质量的检测。

3.2.1　装配模柄

01 取等高垫铁两块、铜棒一根、上模座及模柄各一件，并对模柄孔口的飞边等进行必要的修刮。

02 装配。

第 1 步：在模柄孔内涂抹少量机油。

第 2 步：将模柄装入模柄孔内，用铜棒轻轻地敲击模柄，配入 3～5mm，如图 3-1 所示。

第 3 步：翻转上模座，测量模柄与上模座的垂直度，如图 3-2 所示，并根据倾斜情况进行必要的调整。

图 3-1 用铜棒敲击模柄

图 3-2 测量模柄与上模座的垂直度

03 用铜棒连续敲击模柄端面至上模座配合面。

04 检验。

第 1 步：检验模柄底面与上模座下工作面的平面度，如图 3-3 所示。

第 2 步：检验模柄与上模座上工作面的垂直度，如图 3-4 所示。

第 3 步：模柄与上模座的垂直度要求为 0.03mm，如图 3-5 所示。

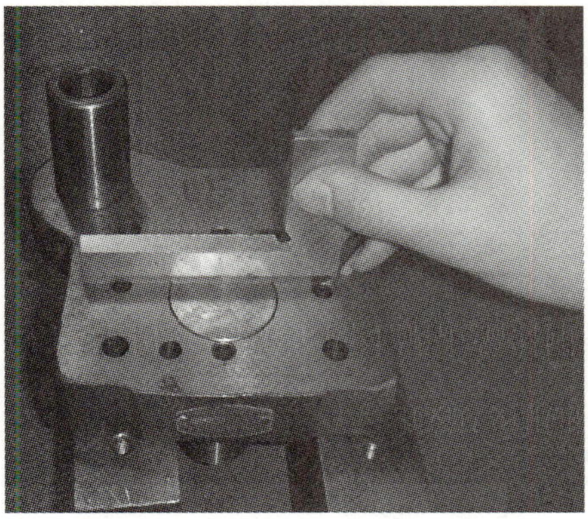

图 3-3 检验平面度

图 3-4 检验垂直度

05 修磨模柄端面。通常模柄的端面要高出模座的工作面，装配后需要修磨。修磨时用自定心卡盘夹住模柄，在磨床上把模柄端面与上模座的底面磨平，如图 3-6 所示。

06 配钻防转销。模柄与上模座的底面磨平后，配钻一个防转销，如图 3-7 所示。

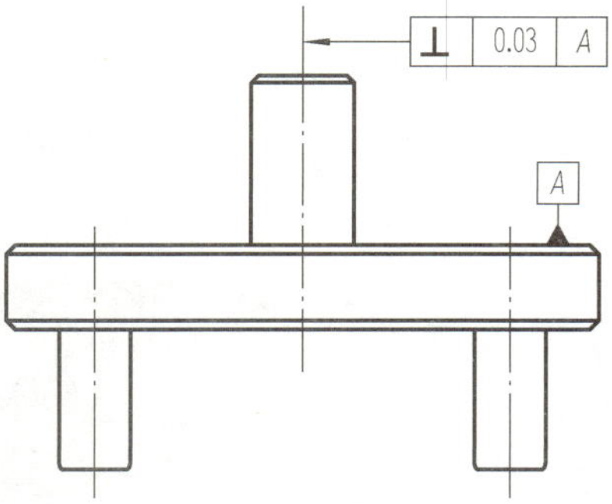

图 3-5　垂直度检查标准

图 3-6　把模柄端面与上模座的底面磨平

（a）钻孔、扩孔

（b）铰孔

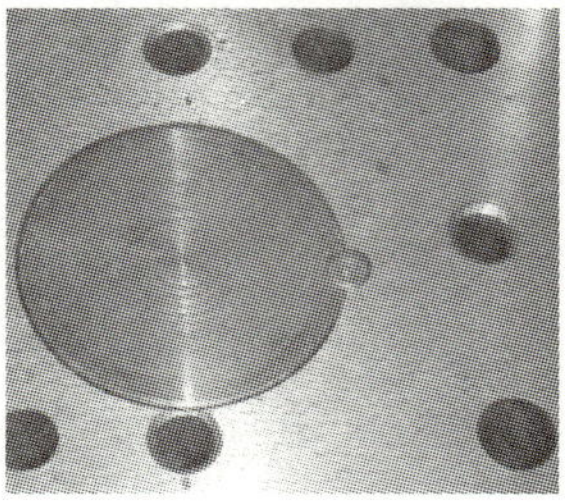

（c）配销钉

图 3-7　配钻防转销

3.2.2　装配凸模与凸模固定板

01 对凸模固定板孔口的飞边等进行必要的修刮。

02 装配。

第 1 步：在凸模固定板孔内涂抹少量机油。

第 2 步：将凸模装入固定板孔内，用铜棒轻轻地敲击凸模，配入 3～5mm 时测量垂直度（用刀口角尺测量，透光法判断）。经调整垂直度正确后，连续用铜棒敲击凸模直至完成，如图 3-8 所示。

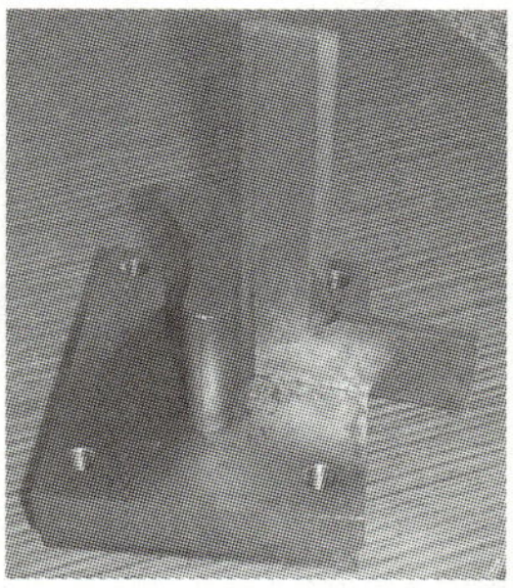

（a）测量凸模与固定板的垂直度

（b）用铜棒敲击装配

图 3-8　装配凸模

3.2.3　装配凹模

01 将凹模放在等高垫铁上，将下模座放在凹模上，如图 3-9 所示，并将四个沉孔与凹模上的螺孔对齐。

02 将四颗 M8 内六角圆柱头螺钉分别放入四个沉孔内并旋进一些，然后依次旋紧，如图 3-10 所示。

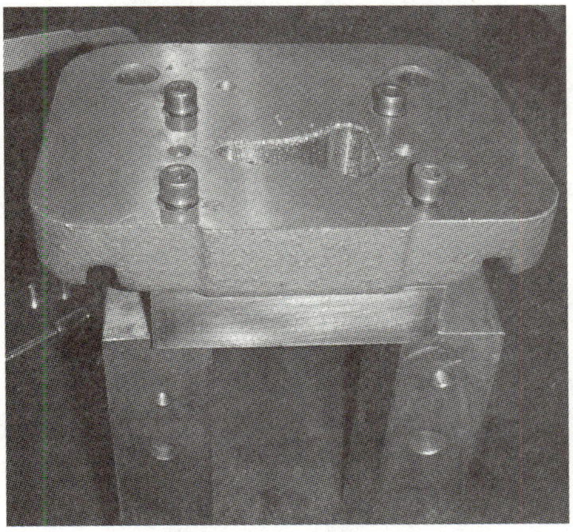

图 3-9　将下模座放在凹模上

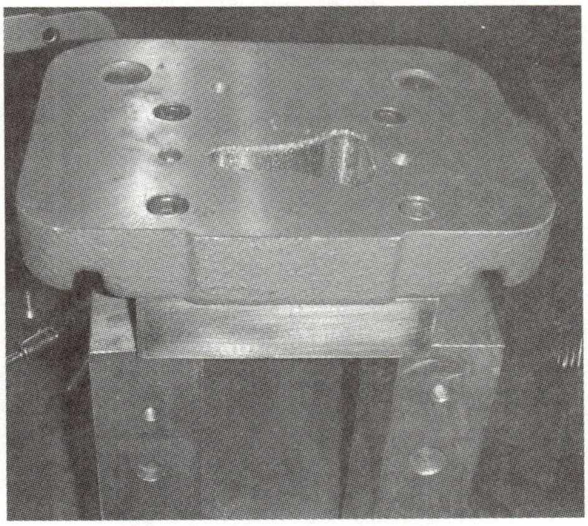

图 3-10　用螺钉将凹模与下模座连接

03 配钻固定销。

第 1 步：配钻固定销在台钻上进行。用ϕ7.8mm 钻头沿凹模上已经加工好的ϕ8mmH7 销孔把下模座上的两个ϕ6mm 孔扩通，如图 3-11 所示。

第 2 步：用ϕ8mmH7 机用铰刀铰孔，如图 3-12 所示。

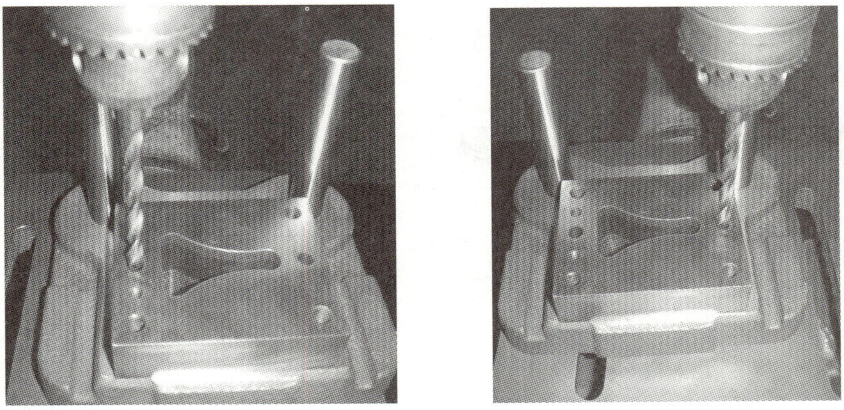

图 3-11　用ϕ7.8mm 钻头扩孔

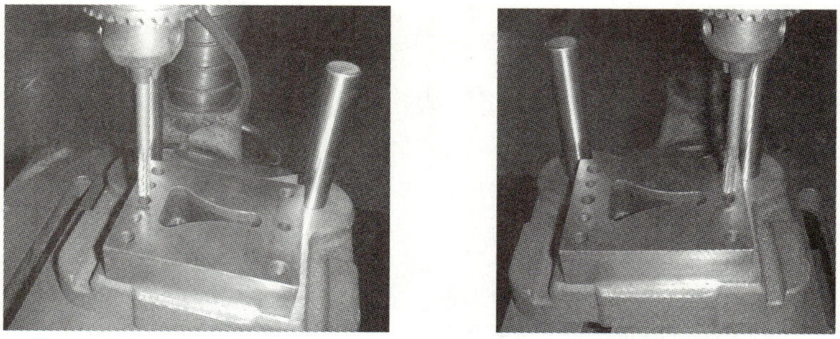

图 3-12　用ϕ8mmH7 机用铰刀铰孔

第 3 步：配销钉。在销孔内加少许机油，用铜棒敲击配上两个销钉，如图 3-13 所示。装配完成的销钉如图 3-14 所示。

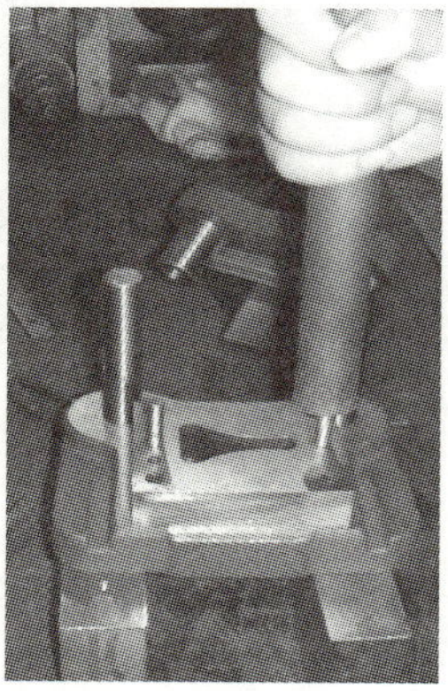

图 3-13　配销钉

图 3-14　装配完成的销钉

任务 3.3　模具总装配

◎ 任务描述

模具零部件装配完成后就要进行总装配。部件总装配的内容有凹模在下模座上的安装凸模与凹模配合、上模座与凸模部件的装配、间隙调整等。

◎ 任务目标

1. 能够看清模具的总装配要求。
2. 能够根据装配工艺进行合理装配。

微课：模具总装配

01 控制模具间隙。选择与单面间隙相符合的一定厚度的纸或塑料薄膜，用双面胶粘贴在凸模上，如图 3-15 所示。

02 装配凸模组件与凹模，如图 3-16 所示。

图 3-15 用双面胶将纸均匀地粘在凸模上

图 3-16 装配凸模组件与凹模

03 装配上模座与下模座，如图 3-17 所示。

图 3-17 装配上模座与下模座

04 上模零件配钻孔。用ϕ9mm 钻头通过上模座上的沉孔引出凸模垫板上预钻窝孔，用ϕ6.8mm 钻头通过凸模垫板把凸模固定板的四个 M8 螺孔钻通，用ϕ5mm 钻头通过凸模垫板、凸模固定板把卸料板上的四个 M6 螺孔钻通，如图 3-18 所示。

05 上模零件补充孔加工。把上模与下模分离，将凸模垫板上的过孔均扩成ϕ9mm 孔，垫板、凸模固定板、卸料板上的孔均为两面倒角 $C1$。

06 攻螺纹。在凸模固定板上攻四个 M8 螺孔，在卸料板上攻四个 M6 螺孔。

07 把上模座与凸模固定板用内六角圆柱头螺钉连接，如图 3-19 所示。

图 3-18　配钻孔

图 3-19　连接上模座与凸模固定板

08 调整模具间隙。模具装配时虽然已经采取垫纸或塑料薄膜的方式控制了间隙，但是仍然需要用试冲的方式进一步验证。其方法如下：

第 1 步：试冲。用一薄铝片或硬纸放在凸模与凹模刃口之间，用铜棒敲击模柄使其分离，如图 3-20 和图 3-21 所示。

第 2 步：试冲完成后，用铜棒敲击模座使上、下模分离，如图 3-22 所示。

第 3 步：取出薄铝片和试件，如图 3-23 所示。

图 3-20　用薄铝片试冲

图 3-21　用铜棒敲击模柄

图 3-22　使上、下模分离

图 3-23　用铝片试冲的工件

第 4 步：检查工件周边切口的飞边情况，飞边分布均匀则表示模具间隙是均匀的，飞边分布不均匀则需要调整模具间隙。调整间隙后还需要进行反复试冲，直至试件达到要求。

第 5 步：配固定销。作为生产性的模具，要在生产车间进行实际生产的试冲，生产数量应在 2000 个以上，然后配上固定销。配固定销时，上、下模的连接螺钉都要重新拧紧，上、下模合在一起，按照上模座上的预钻孔配钻、扩孔和铰孔，然后配上固定销，如图 3-24 所示。

09 装配卸料装置。卸料装置由卸料板、卸料橡胶、卸料螺钉组成。装配顺序如下：首先把四颗卸料螺钉分别装进上模座上的沉孔，然后把卸料橡胶套在卸料螺钉上，接着把卸料板装在凸模上。卸料螺钉对准卸料板上的螺孔，依次拧紧。拧紧后，卸料板比凸模高出 0.5～1mm，如图 3-25 所示。

图 3-24 配固定销

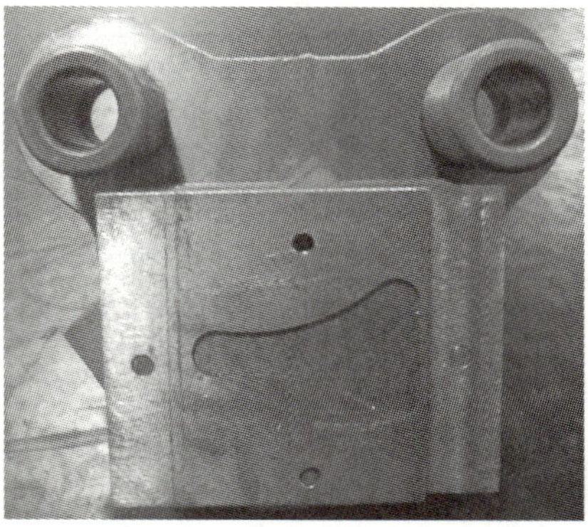

图 3-25 装配卸料装置

10 装配上、下模。清理导柱、导套上的灰尘并涂抹少量机油，上模的导套与下模的导柱对正，用铜棒轻轻地敲击上模座使上、下模合在一起，装配完成的模具如图 3-26 所示。

图 3-26 装配完成的模具

知识拓展

压入法装配冷冲模的工艺要点

压入法是模具装配中的常用方法，是过盈零件常用的一种连接方法。它的优点是牢固、可靠；缺点是对压入的型孔精度要求太高，尤其是复杂型孔或孔距中心要求严格的多型孔比较难加工。此法常用于将凸模压入固定板，或将导柱、导套压入模座。将凸模压入固定板的工艺要点见表 3-4。

表 3-4　凸模压入固定板的工艺要点

项目		工艺要点
配合要求		1．采用 H7/n6 或 H7/m6 配合； 2．表面粗糙度 Ra<0.8μm
技术要求	凸模	1．对于无台肩的成形凸模，压入端（非刃口端）四周应修成斜度或圆角； 2．对于有台肩的圆形凸模，压入部分应设有引导部分，该部分可采用小圆角、小锥度或在 3mm 左右长度内将直径磨小 0.03～0.05mm
	固定板	1．型孔的过盈量、表面粗糙度应符合要求； 2．型孔应对端面垂直； 3．型孔不应有锥度或鞍形； 4．当凸模不允许设引导部分时，可在固定板型孔凸模的压入处设斜度小于 1°、高度小于 5mm 的引导部分； 5．凸模安装基面应和固定板的支承面紧贴，无缝隙
压入次序		1．装配容易定位，便于作为其他凸模安装基准的凸模先压入； 2．较难定位或依赖其他零件、通过一定工艺方法才能定位的凸模后压入； 3．无特殊要求的，可随便选取压入次序压入后修磨
压入后修磨		1．压入后将固定板的底面与凸模尾端磨平； 2．翻转 180°，以固定板底面为基准，磨凸模刃口
注意事项		1．用手扳压力机或油压机压入凸模时，凸模放在压力机中心； 2．压入过程中，应经常检查垂直度，压入少许即要检查，压入 1/3 深度时再检查，保证垂直度符合要求； 3．压入时，严禁用锤

技能拓展

冷冲模装配时凸、凹模间隙的调整

在模具装配时，保证凸、凹模之间的配合间隙非常重要。配合间隙是否均匀，不仅对制件的质量有直接影响，而且对模具的使用寿命也有影响。调整凸、凹模配合间隙的方法有以下几种。

1）透光调整法。将模具的上模部分和下模部分分别装配，螺钉不要紧固，定位销暂不装配。将等高垫铁放在固定板及凹模之间，并用平行夹头夹紧。翻转模具，用手电筒照射。从漏料孔观察光线透过多少，确定间隙是否均匀并调整合适。然后，紧固螺钉。经固定后的模具要用相当于板料厚度的纸片进行试冲。如果样件四周飞边较小且均匀，则配合间隙调整合适。如果样件某段飞边较大，说明间隙不均匀，应重新调整至试冲合适为止。最后紧固螺钉，装配定位销。

2）测量法。测量法是将凸模插入凹模型孔内，用塞尺检查凸、凹模四周配合间隙是否均匀。根据检查结果调整凸、凹模的相对位置，使两者各部分间隙均匀。测量法适用于配合间隙（单边）在 0.02mm 以上的模具。

3）垫片法。垫片法是根据凸、凹模配合间隙的大小，在凸模配合间隙内垫入厚度均匀的塑料纸、薄布片或软金属片，调整凸、凹模的相对位置，保证配合间隙均匀。

4）涂层法。涂层法是在凸模上涂一层磁漆或氨基醇酸绝缘漆等涂料，其厚度等于凸、凹模的单边配合间隙。然后调整凸模的相对位置，插入凹模型孔，以获得均匀的配合间隙。涂层法适用于小间隙冷冲压模具的调整。

5）镀铜法。镀铜法是在凸模工作端镀一层厚度等于单边配合间隙的铜，使凸、凹模装配后的配合间隙均匀。镀层在模具使用中可自行脱落，装配后不必去除。

思考与练习

1．什么是配钻？如何进行操作？

2．装配冷冲压模具时将凸模压入固定板的工艺要点是什么？

3．如何保证沉孔深度？

项目 4 试模与调整

◎ **项目描述**

冷冲压模具装配完成后，必须通过试冲对制件的质量和模具的性能进行综合考查与检测。对试冲中出现的各种问题应进行全面、认真地分析，找出其产生的原因；并对冷冲压模具进行适当的调整与修正，以得到合格的零件制品。

◎ **知识目标**

1. 了解冲床的基本结构。
2. 了解冷冲压安全操作规程。
3. 了解冷冲压模具验收的技术标准。

◎ **技能目标**

1. 能够在冲床上安装冷冲压模具。
2. 能够解决试模过程中出现的一般问题。
3. 能够根据试件的飞边调整模具间隙。

任务 4.1　试模前的准备工作

◎ 任务描述

试模是对前段模具制造成果的检验，在试模前要了解冲床的结构和性能，检查模具的结构和安全是否符合试模的要求，准备试模用的工具等。

◎ 任务目标

1. 了解冲床的结构和性能。
2. 了解冲床的安全操作规程。
3. 检查模具的安全性能。

4.1.1　冲床的基本结构和工作原理

曲柄压力机是机械式压力机的一种，也可以称为曲柄冲床。下面以国产 JB23-63 型压力机为例进行介绍。

图 4-1 为其外形图，图 4-2 为其运动简图。

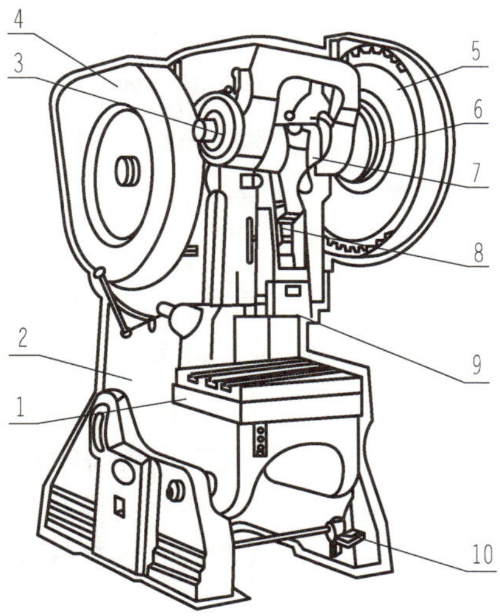

图 4-1　JB23-63 型压力机的外形图

1—工作台；2—床身；3—制动器；4—安全罩；5—齿轮；6—离合器；7—曲轴；8—连杆；9—滑块；10—脚踏操纵器

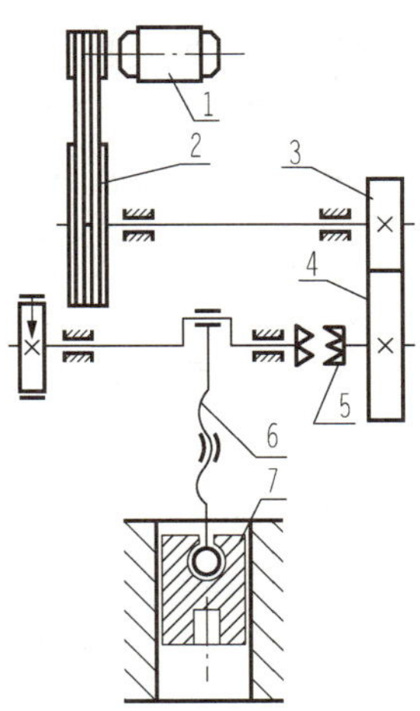

图 4-2　JB23-63 型压力机的运动简图

1—JB 电动机；2—大带轮；3、4—齿轮；5—离合器；6—连杆；7—滑块

其工作原理如下：电动机 1 通过三角带把运动传给大带轮 2，再经过小齿轮 3、大

齿轮 4 传给离合器 5（离合器 5 控制曲轴与齿轮 4 运动的开与合），离合器 5 把运动传给曲轴。连杆 6 上端装在曲轴上，下端与滑块 7 连接，把曲轴的旋转运动变为滑块的直线往复运动。模具的上模装在滑块上，下模装在工作台上，因此，当材料放在上、下模之间时，即能进行冲裁及其他冲压成形工艺。由于生产工艺的需要，滑块有时运动，有时停止，因此除离合器外，在曲轴末端还装有制动器，压力机在整个工作周期内进行工艺操作的时间很短，也就是说，有负荷的工作时间很短，大部分时间为无负荷的空闲时间。为了使电动机的负荷均匀，有效地利用能量，压力机上飞轮的作用是储存能量。如图 4-2 中的大带轮 2 即起飞轮的作用。

从上述工作原理可以看出，曲柄压力机由以下几个部分组成。

1）工作机构：由曲轴、连杆、滑块等零件组成的曲柄滑块机构。

2）传动系统：包括齿轮传动、带传动等机构。

3）操作系统：离合器、制动器。

4）能源系统：电动机、飞轮。

5）支承部件：机身。

4.1.2 曲柄滑块上的常用结构

1. 模具高度调节装置

为了适应不同闭合高度的模具安装，在压力机曲柄滑块中，有调节压力机装模高度的装置。图 4-3 所示为曲柄滑块机构图。在调节时，先松开顶丝 15，再松开锁紧螺钉 10，然后旋转调节螺杆 6，使连接螺杆长度伸长或缩短，从而使装模高度减少或增加。当模具安装调试好以后，应先后锁紧锁紧螺钉 10 和顶丝 15，防止连杆回松。对于大、中型压力机，则由一个单独的电动机通过齿轮或蜗轮机构旋转调节螺杆。

2. 顶件装置

压力机一般在滑块部件上设置顶件装置，供上模顶料用。顶件装置有刚性和气动两种，下面仅介绍刚性顶件装置。

如图 4-4 所示，顶件装置由一根穿过滑块的打料横杆 4 及固定于机身上的挡头螺杆 3 等组成。当滑块下行冲压时，由于工件的作用，上模的顶杆 7 使打料横杆 4 在滑块中升起。当滑块回程上行接近上止点时，打料横杆 4 两端被机身的挡头螺杆 3 挡住，滑块继续上升，打料横杆 4 便相对于滑块向下移动，推动上模中的顶杆 7 将工件顶出。

打料横杆的最大工作行程为挡头螺杆最大的调节距离，如果过早与挡头螺钉相碰，则会发生设备事故。因此，在更换模具、调节压力机装模高度时，必须相应地调节挡头螺杆的位置。特别注意，调节挡头螺杆时，应使滑块处于上止点。刚性顶件装置的优点是结构简单、动作可靠、应用广泛，缺点是顶料力及顶料位置不能任意调节。

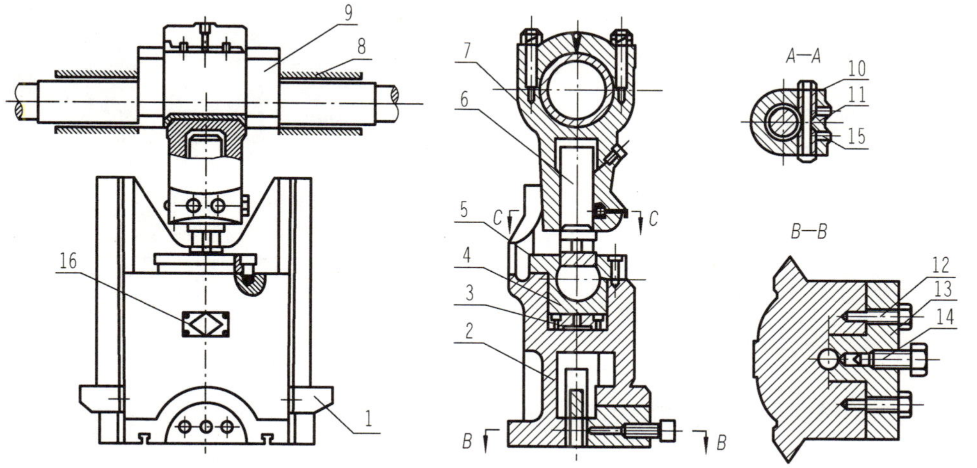

图 4-3　曲柄滑块机构图

1—打料横杆；2—滑块；3—压塌块；4—支承座；5—盖板；6—调节螺杆；7—连杆体；8—轴瓦；9—曲轴；10—锁紧螺钉；11—锁紧块；12—模柄夹持块；13—夹持螺钉；14—顶紧螺钉；15—顶丝；16—过载保护装置外盖

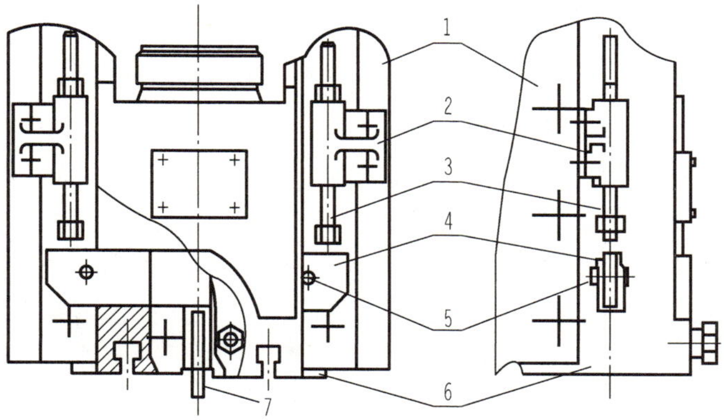

图 4-4　刚性顶件装置

1—机身；2—挡头座；3—挡头螺杆；4—打料横杆；5—挡销；6—滑块；7—顶杆

任务 4.2　试模操作

◎ 任务描述

试模操作是对学过的理论知识的检验，也是一个模具制造工必须掌握的技能。通过试模可以检验模具的性能，分析制品的质量。试模任务包括了解冲床安全操作规程、检查模具和设备、安装模具、调试及制品的缺陷分析等。

◎ 任务目标

1. 了解冲压设备的安全操作规程。
2. 能够正确规范地进行试模操作。

微课：试模前的准备工作（冲模的闭合高度与压力机装模高度的匹配校核）

微课：安装模具和试模

4.2.1 试模前的准备工作

1. 熟悉冷冲压模具的结构及动作原理

在安装调试冷冲压模具前，调试工必须熟悉零件的形状、尺寸精度和技术要求，掌握所要加工零件的工艺流程和各工序要点，熟悉所要调试的冷冲压模具的结构特点及动作原理，了解冷冲压模具的安装方法及应注意的事项。

2. 检查冷冲压模具的安装条件

1）冷冲压模具的闭合高度必须与压力机的装模高度相符。在安装前，冷冲压模具的闭合高度必须经过测定，其值要满足如下关系：

$$H_{min}-H_1 \leqslant H \leqslant H_{max}-H_1 \tag{4-1}$$

式中，H_{max}——压力机最大装模高度（mm）；

H_{min}——压力机最小装模高度（mm）；

H——冷冲压模具的闭合高度（mm）；

H_1——垫板的高度（mm）。

从理论上说，模具的闭合高度只要大于等于 $H_{min}-H_1$，小于等于 $H_{max}-H_1$ 就可以了。但为了保护压力机上的丝杆，在上述计算的基础上，最小的模具闭合高度应该再加 10mm，最大的模具闭合高度应该再减 5mm，即要满足如下关系：

$$H_{min}-H_1+10 \leqslant H \leqslant H_{max}-H_1-5 \tag{4-2}$$

图 4-5 所示为冲床与冷冲压模具的安装关系。

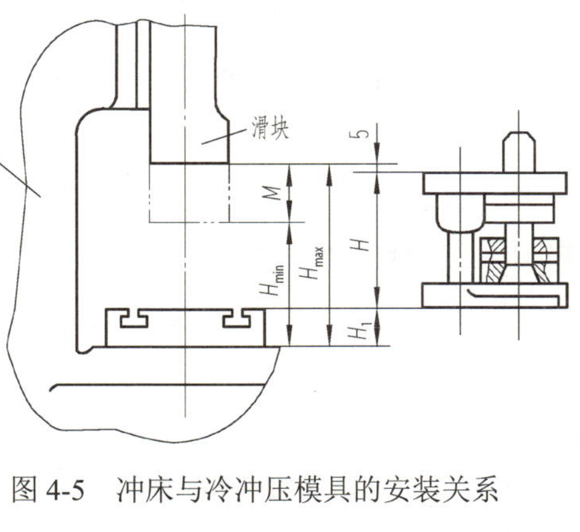

图 4-5　冲床与冷冲压模具的安装关系

本例以 JD23-35 冲床为例进行校核：

H_{max}=230mm，H_{min}=150mm，H=135mm，H_1=60mm，满足 $H_{min}-H_1+10 \leqslant H \leqslant H_{max}-H_1-5$。

2）压力机的公称压力应满足冷冲压模具工艺力的要求，即所选用的压力机吨位必须大于模具冲压力的 1.3 倍。

JD23-35 冲床的公称压力为 350kN，冷冲压模具总冲压力为 160kN，大于模具所需冲压力的 1.2～1.3 倍，符合生产要求。

冲床模柄孔直径为ϕ50mm，冷冲压模具模柄直径为ϕ32mm，需要加一个直径为ϕ50mm 的开口镶套，以便与冲床的模柄孔匹配。镶套的形状如图 4-6 所示。

3）冷冲压模具的各安装槽（孔）位置必须与压力机各安装槽孔相适应。

4）压力机工作台面的漏料孔尺寸应大于制品及废料尺寸，并且压力机的工作台尺寸、滑块底面尺寸应能满足冷冲压模具的正确安装要求，即工作台面和滑块底面的尺寸应能安装冷冲压模具，并留有一定的余地。一般情况下，冲床的工作台面应大于冷冲压模具模板尺寸 70mm 以上。

图 4-6　模柄镶套

3. 检查冷冲压模具的表面质量

01 根据冷冲压模具图样检查冷冲压模具零件是否齐全。

02 检查冷冲压模具表面是否符合技术要求。

03 检查冷冲压模具的工作部位（凸、凹模）、定位卸料部位是否符合图样要求。

04 检查导向部位是否工作灵活。

05 检查各紧固螺钉、销钉的安装是否紧固。

4. 检查冲床

01 调整压力机，使之工作正常。在安装冷冲压模具前，须将压力机事先调整好，使之能在工作状态下正常运转，即压力机的制动器、离合器及操纵机构工作要灵活可靠。其调整检查的方法如下：先开启电源，踩一下脚踏板或按手柄，看滑块是否有不正常的连冲现象、动作是否平稳，若发现异常，应在排除故障后再安装冷冲压模具。

02 清除压力机工作台面及冷冲压模具上、下底面异物，不得有任何污物及金属渣屑存在。

03 准备好安装冷冲压模具用的紧固螺栓、螺母、压板、垫块、垫板及冷冲压模具所需要的顶杆、推杆等附件。

4.2.2 安装模具和试模

01 用手动的方式将离合器脱开。

02 用手搬动压力机飞轮，使滑块缓慢下移至下止点。

03 拆卸模柄孔外面的锁紧块，如图 4-7 所示。

04 将冷冲压模具放在压力机工作台上，模柄对正模柄孔后，将模具推进至滑块底部，如图 4-8 所示。

图 4-7 拆掉锁紧块

图 4-8 将模具推进至滑块底部

05 下调滑块至上模座后，将锁紧块装回去，再下调滑块压紧模具，分别如图 4-9 和图 4-10 所示。

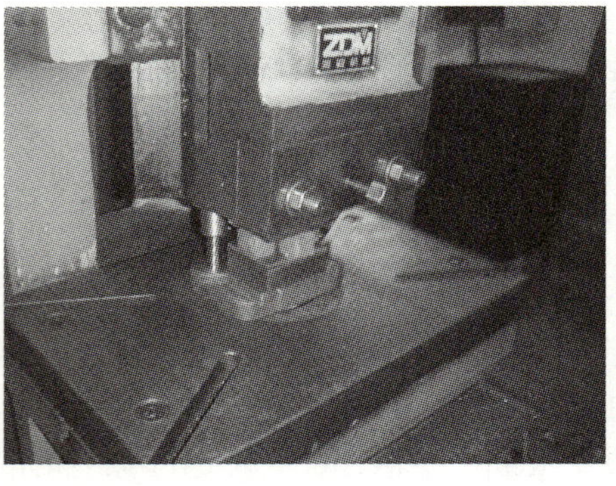

图 4-9 装上锁紧块

图 4-10 下调滑块

06 旋紧锁紧块两侧的螺母，然后拧紧中间的顶紧螺栓，把上模固定在滑块上，如图 4-11 所示。

07 用压板将下模座紧固在工作台面上。压紧时注意其紧固用的螺母拧入螺栓中的长度应大于螺栓直径的 1.5 倍。压板的位置应摆放正确，压板后端的垫块要比下模座稍高，如图 4-12 所示。

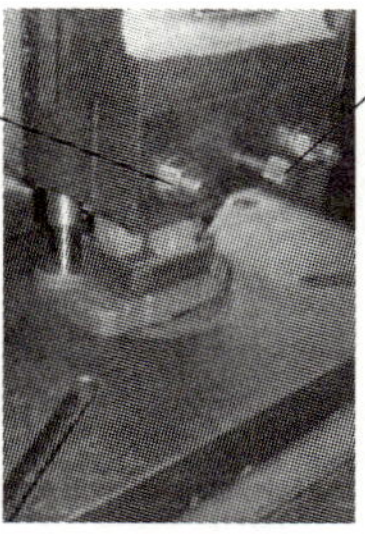

图 4-11　把上模固定在滑块上

图 4-12　用压板固定下模座

08 上调压力机滑块。将压力机滑块上调 3～5mm，开动压力机，使滑块停在上止点。擦净导柱、导套，涂抹机油，再开动压力机空行程 2～3 次。

09 放上条料进行试冲。根据试冲情况，可调节滑块的高度，直至能冲下合格的零件后，再锁紧调节螺杆，如图 4-13 所示。

图 4-13　锁紧调节螺杆

10 送料方式如图 2-2 所示。冲裁后的条料如图 4-14 所示。

图 4-14　冲裁后的条料

4.2.3 操作测评

本任务的评价表见表 4-1。

表 4-1 试模操作评价表

序号	检查内容	评分标准	分值	学生自评	教师评价
1	设备检查	规范检查设备的安全性能	10		
2	模具检查	规范检查模具与设备的匹配	10		
3	装模、试模操作	安全规范操作过程	40		
4	制品缺陷分析	判断制品缺陷产生的原因	30		
5	拆模、保养	安全规范	10		
合计			100		

知识拓展

冷冲模的安装与调试

1. 冷冲模的安装要求

（1）压力机的要求及检查方法

要求：①压力机的吨位应大于冲压的工艺力。②压力机的制动器、离合器及操作系统等机构的工作要正常。③压力机要有足够的刚性、强度和精度。

检查方法：按压力机起动手柄或脚踏板，滑块不能有连冲现象，若发生连冲，经调整消除后再安装冷冲压模具。

（2）压力机工作台面要求及处理方法

要求：工作台面与模具底面要清理干净，不准有任何污物及金属废屑。

处理方法：若有污物，用毛刷及棉纱擦拭干净。

（3）冷冲压模具的紧固及检查方法

要求：安装冷冲压模具的螺栓、螺母和压板应采用专用件，不能代用。用压板将下模座紧固在工作台面上时，压板后端的垫块应比前端的下模座稍高，且垫块不能离螺栓太近。

检查方法：目测及量具测量、指示表测量。

（4）凸模进入凹模的深度

要求：①安装冲裁厚度小于2mm的冲裁模时，其凸模进入凹模深度应不超过0.8mm；硬质合金模具应不超过0.5mm。拉深模及弯曲模应采用试冲方法，确定凸模进入凹模的深度。

检查方法：①弯曲模试冲时，可将样件放在凸、凹模之间，借助试件确定凸模进入凹模的深浅。②拉深模调试时，可先把试件套入凸模上，当其全部进入凹模内时，即可将其固定。试件的壁厚应大于被冲零件的厚度。

2. 冷冲模试模与调整的目的、内容及常见问题

（1）目的

1）发现模具设计及制造中存在的问题，以便对原设计、加工与装配中的工艺缺陷加以改进和修正，制造出合格的制品。

2）通过试模与调整，能初步提供产品的成形条件及工艺规程。

3）试模及调整后，可以确定前一道工序的毛坯准确尺寸。

4）验证模具质量及精度，作为交付生产的依据。

（2）主要内容

1）将模具安装在指定的压力机上。

2）用指定的坯料（及板料）在模具上试冲出制件。

3）检查成品的质量，并分析其质量缺陷、产生原因，设法修整解决后，试制出一批完全符合图样要求的合格制件。

4）排除影响生产、安全、质量和操作的各种不利因素。

5）经试模后，编制制品生产的工艺规范。

试模与调整的注意事项

1. 试模材料的性能、牌号、厚度均符合图样要求。

2. 试模材料的宽度应符合工艺图样要求。若是连续模，其试模材料的宽度要比导板间距小0.1～0.15mm。

3. 试模用的条料，在长度方向上要保证平直。

4. 模具在设备上试模，一定要固紧，决不可松动。

5. 在试模前，首先要对模具进行一次全面检查。检查无误后，才能安装于机器上。

6. 模具各活动部位，在试模前或试模中要涂抹机油。

7. 试模使用的压力机、液压机一定要符合要求。

（3）常见问题与解决方法

冷冲压模具安装后即可进行试冲，在试冲过程中，可能会出现各种问题，这时必须根据所产生的问题的原因，确定正确的调制与修整方法，以使其正常工作。

冲裁模试冲经常出现的问题与解决方法见表4-2。

表 4-2　冲裁模试冲时经常出现的问题与解决方法

出现的问题	产生的原因	解决办法
工件跳穴	凹模或凸模未退磁	用退磁器退磁
工件堵穴	1. 落料口有倒锥； 2. 刃口直壁部分过长； 3. 崩刃	1. 重新加工落料口； 2. 反向加工，减小直壁部分长度； 3. 磨削刃口
飞边不良	1. 崩刃； 2. 间隙不良； 3. 刃口直壁部分表面粗糙度差	1. 磨削刃口； 2. 重新调整间隙； 3. 抛光刃口直壁部分
送料不通畅或料被卡死	1. 两个导料板之间的尺寸过小或有斜度； 2. 凸模与固定板之间的间隙过大，使搭边翻扭	1. 根据情况修整或重装卸料板； 2. 根据情况采取措施减小凸模与卸料板的间隙
凸、凹模的刃口相碰	1. 上模座、下模座、固定板、凹模、垫板等零件安装面不平行； 2. 凸、凹模错位； 3. 凸模、导柱等零件安装不垂直； 4. 导柱与导套配合间隙过大，使导向不准； 5. 卸料板的孔位不正确或歪斜，使冲孔凸模移位	1. 修磨有关零件，重装上模或下模； 2. 重装凸、凹模，使之对正； 3. 重装凸模或导柱； 4. 更换导柱或导套； 5. 修理或更换卸料板
凸模折断	1. 冲裁时产生的侧向力未抵消； 2. 卸料板倾斜	1. 在模具上设置靠块来抵消侧向力； 2. 修整卸料板或使凸模加导向装置
凹模被胀裂	凹模孔有倒锥现象（上口大、下口小）	修磨凹模孔，消除倒锥现象
卸料不正常	1. 由于装配不正确，卸料机构不能动作，如卸料板与凸模配合过紧，或因卸料板倾斜而卡紧； 2. 弹簧或橡胶的弹力不足	1. 修整卸料板； 2. 更换弹簧或橡胶
工件的形状和尺寸不正确	凸模与凹模的刃口形状及尺寸不正确	先将凸模和凹模的形状及尺寸修准，然后调整冲裁间隙
工件不平	1. 落料凹模有上口大、下口小的倒锥，冲件从孔中通过时被压弯； 2. 模具结构不当，落料时没有压料装置	1. 修磨凹模孔，消除倒锥现象； 2. 加压料装置

技能拓展

冷冲模的拆卸与保养

1. 模具的拆卸

模具拆卸具体步骤如下：

01 用手或撬杠转动压力机飞轮（大型压力机应开启电源），使滑块下降，使上、下模座处于完全闭合状态。

02 松开夹紧压力机上的螺母，使滑块与模柄松开。

03 将滑块上升至上止点位置，并使其离开上模座。

04 卸下下模座压紧螺栓及压块，将冷冲压模具移出台面。

卸模的注意事项

1. 卸模时，在上、下模座之间最好垫以木块，使卸料弹簧处于不受力状态。

2. 在滑块上升前，应先用锤子敲打一下上模座，以避免上模座随滑块上升后又重新落下，从而损坏冷冲压模具刃口。

3. 在整个卸模过程中，应注意操作安全，尽量停止电动机转动，以防发生事故。

2. 模具的保养

1）卸下的冷冲压模具应及时完整地交回模具库或指定地点存放。

2）暂时不用的模具，要及时擦拭干净，送往冷冲压模具存放的指定架位上，并在导柱顶端的储油孔中注入机油，再用纸盖上，以防灰尘或杂物落入套内。

3）凸模与凹模的刃口部位及导柱表面上，应涂一层防锈油，以防日久不用而生锈。

思考与练习

1. 试模前有哪些准备工作？
2. 试模时应注意哪些安全事项？
3. 简述冲压设备的安全操作规程。

附　　录

附录 1　水果刨冲孔模图样

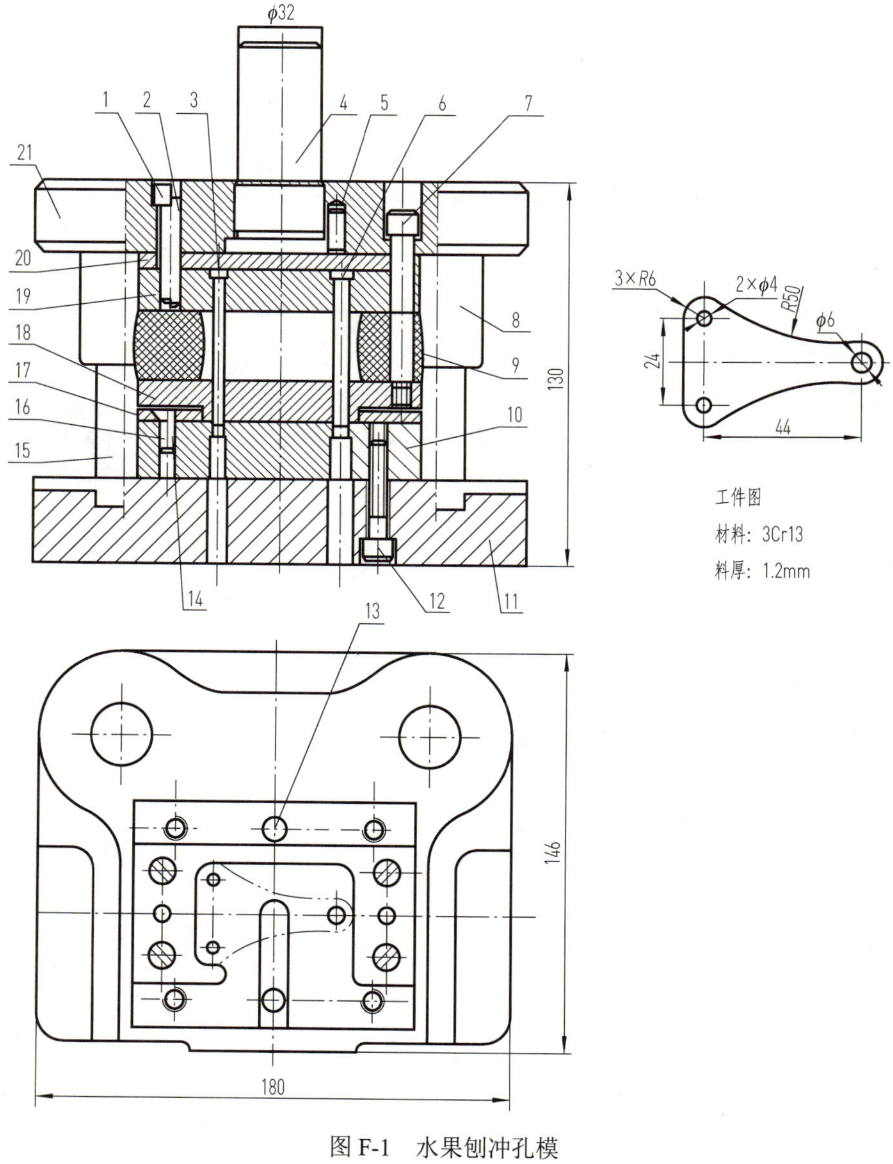

图 F-1　水果刨冲孔模

1、12—螺钉；2、5、13、14—销；3—小凸模；4—模柄；6—大凸模；7—卸料螺钉；8—导套；9—橡胶；10—凹模；11—下模座；15—柱；16—十字槽螺钉；17—定位板；18—卸料板；19—凸模固定板；20—凸模垫板；21—上模座

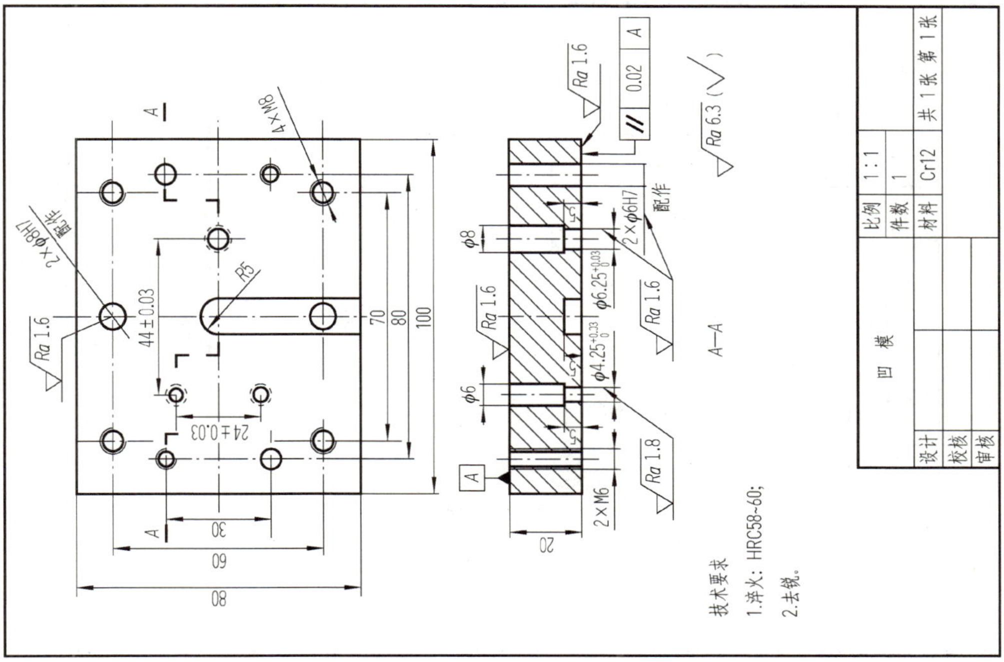

图 F-3 凹模

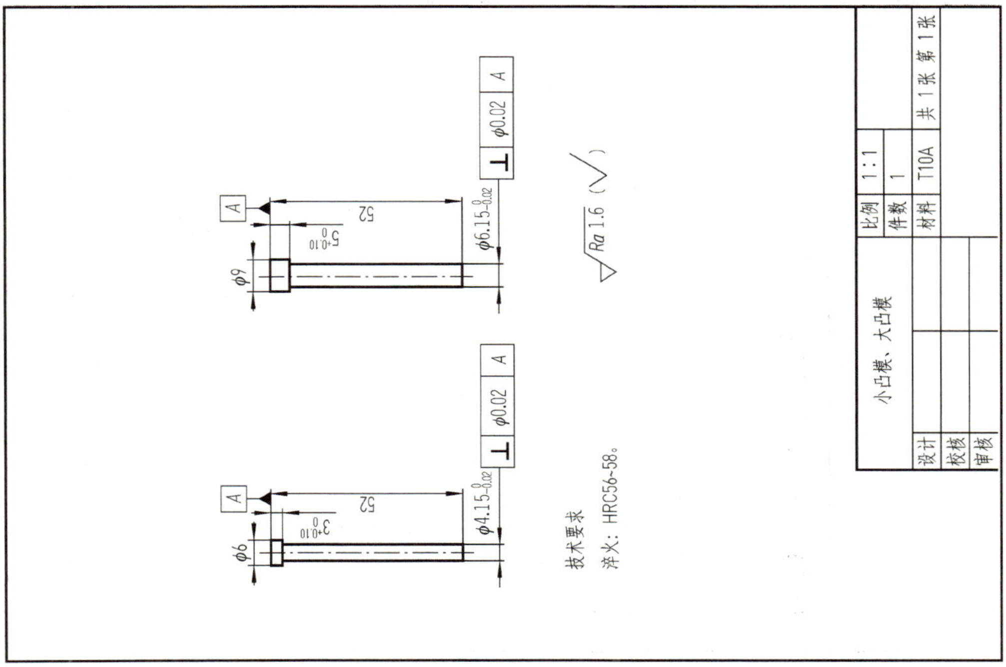

图 F-2 小凸模、大凸模

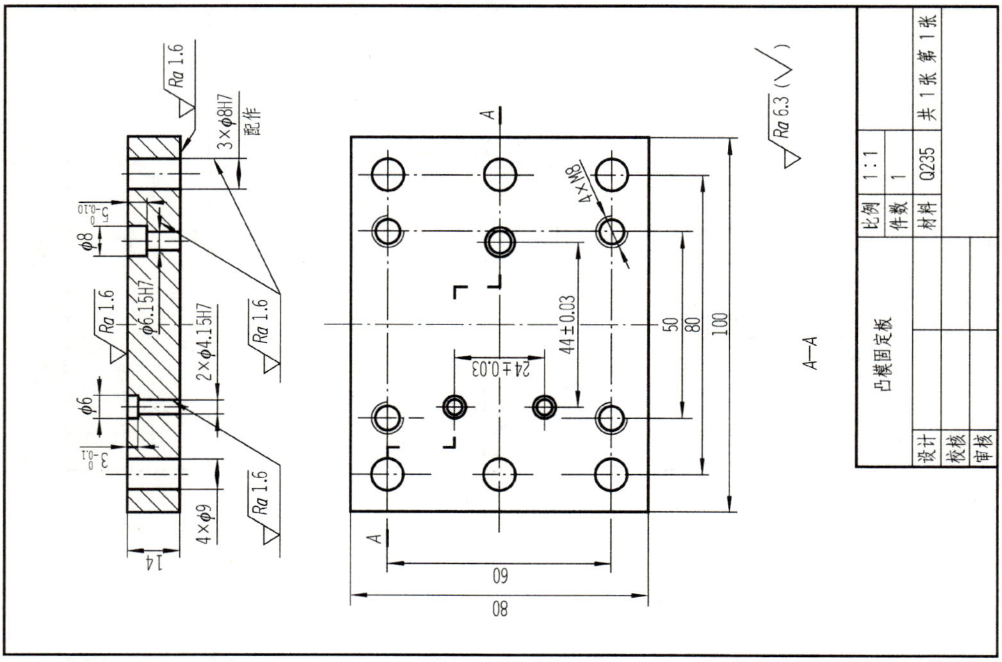

图 F-5 凸模固定板

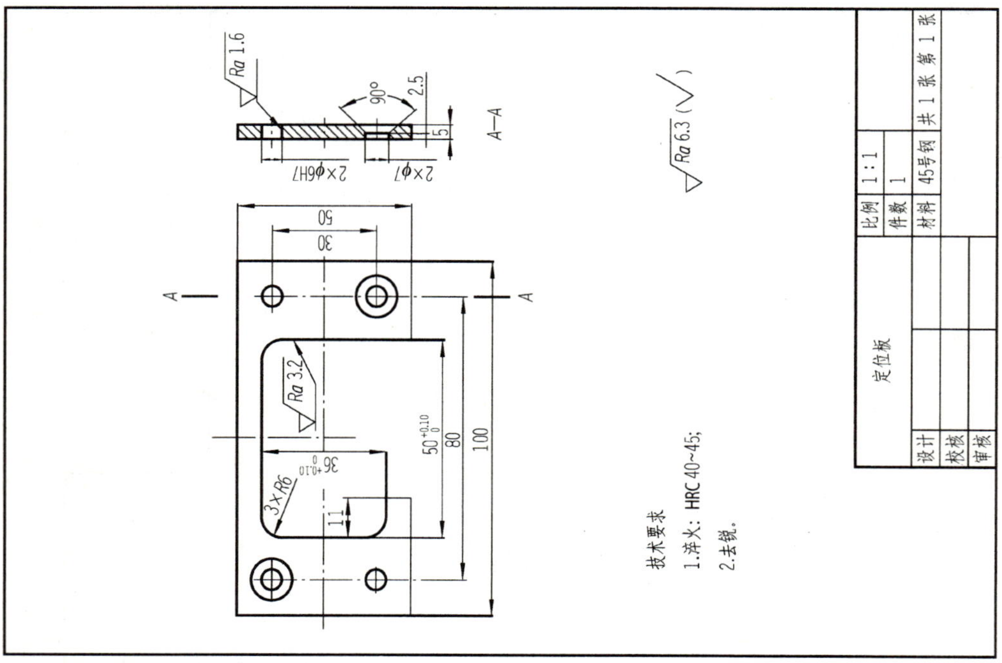

图 F-4 定位板

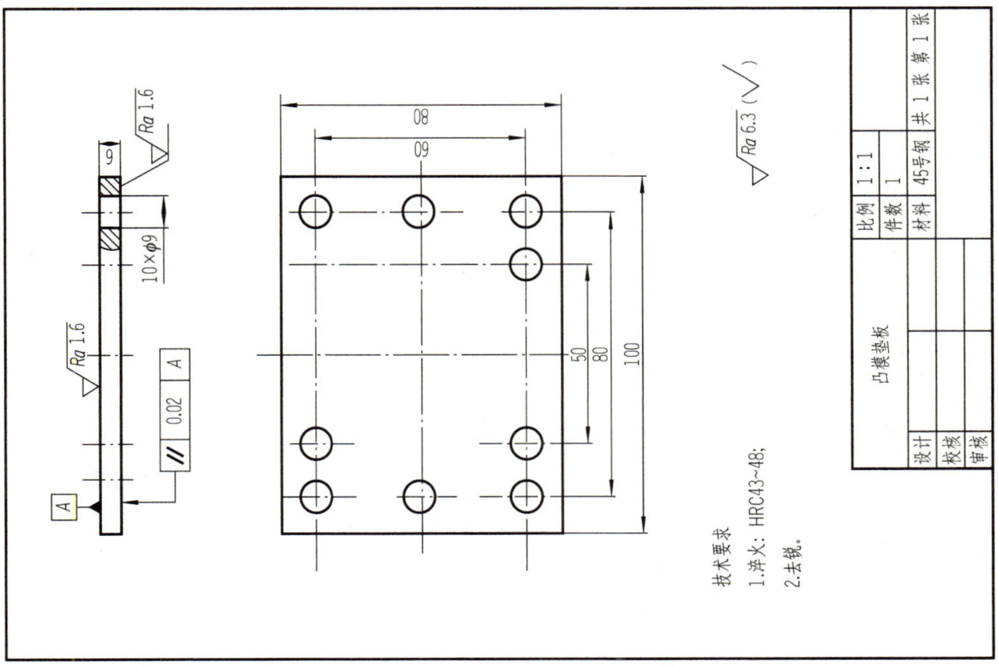

图 F-6　凸模垫板

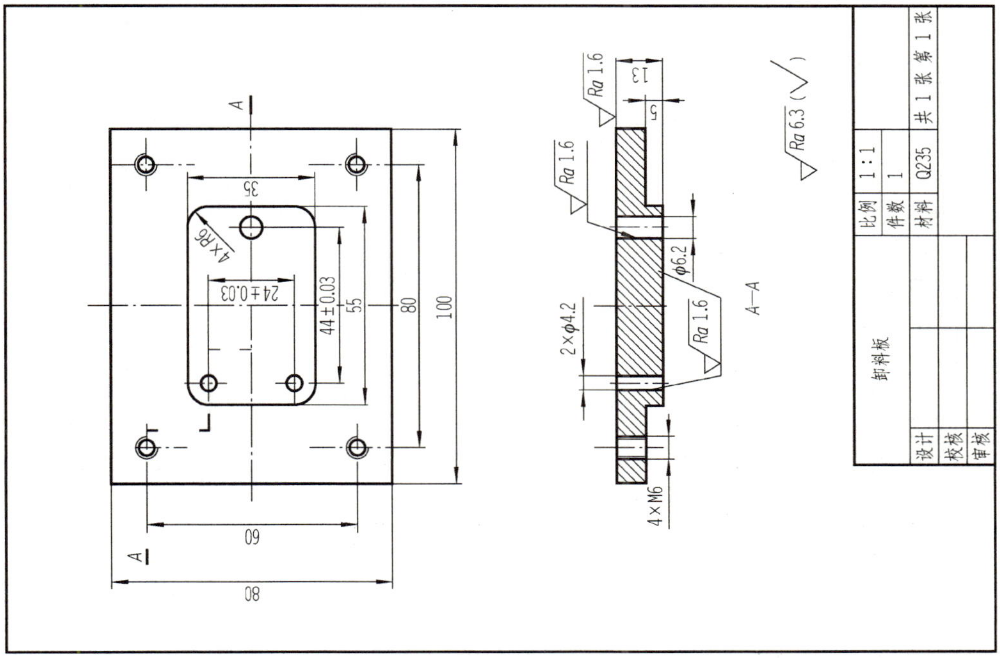

图 F-7　卸料板

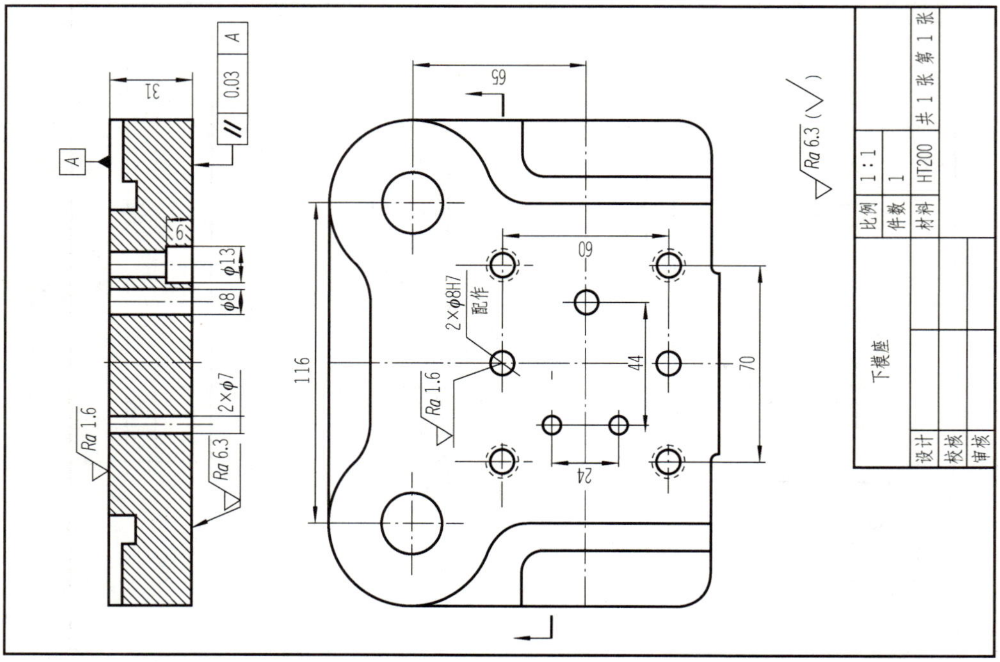

图 F-9　下模座

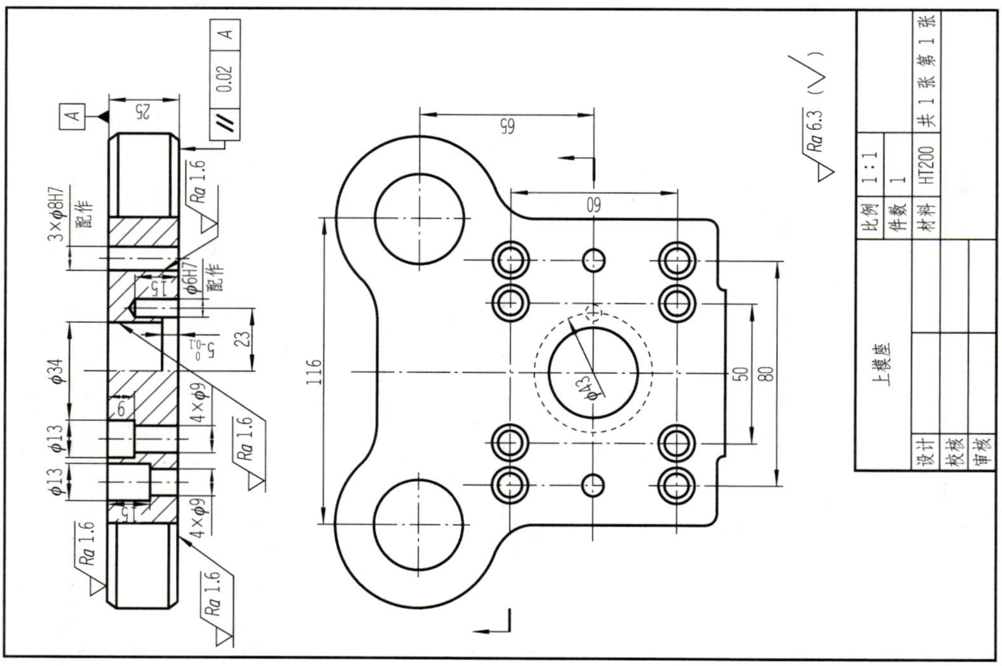

图 F-8　上模座

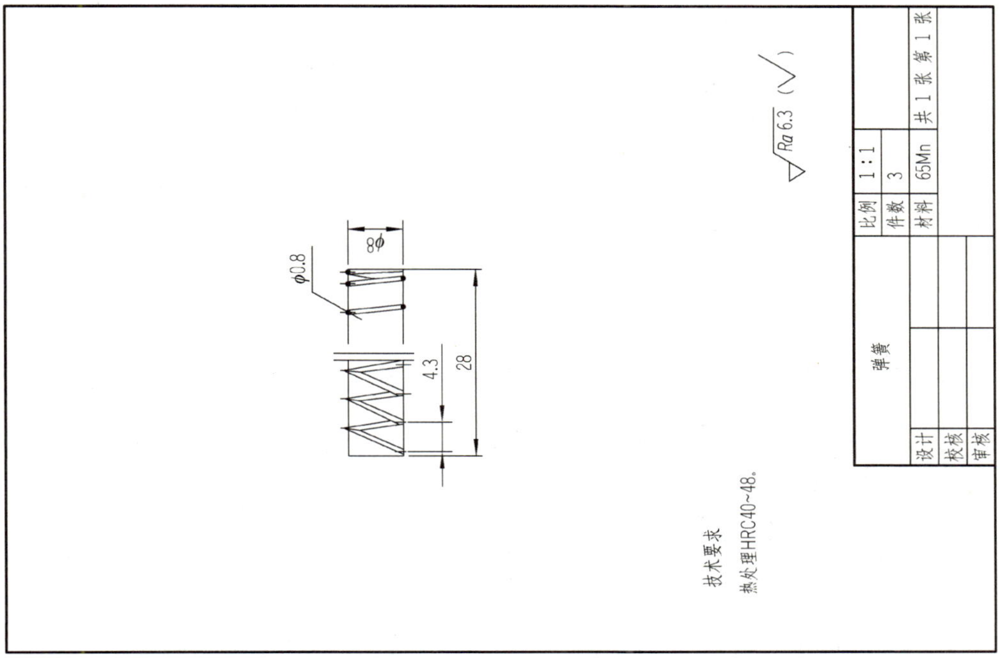

图 F-11 弹簧

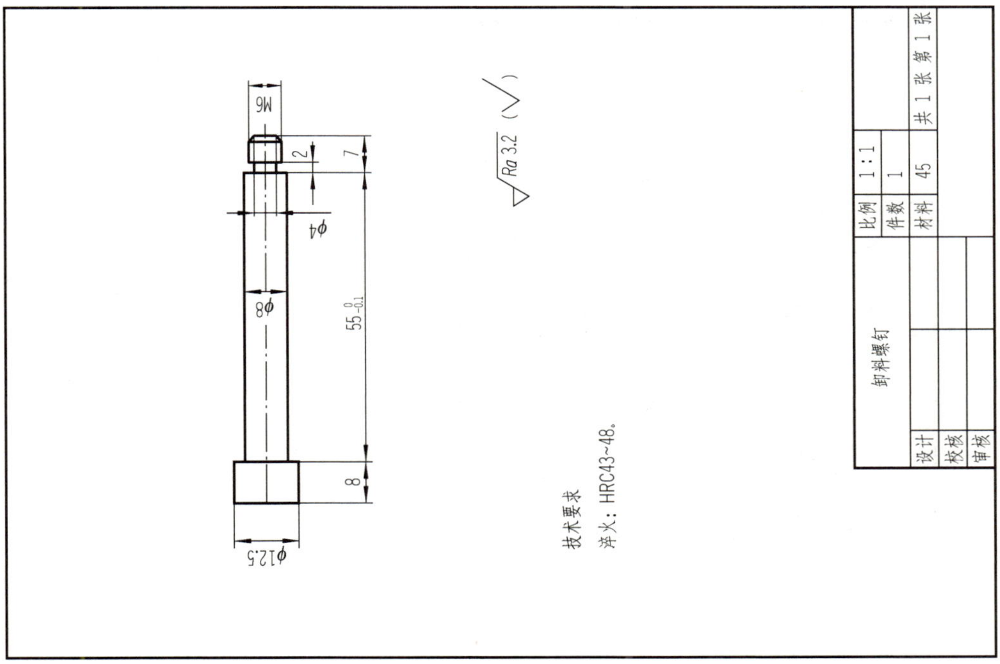

图 F-10 卸料螺钉

附录2　水果刨切舌模图样

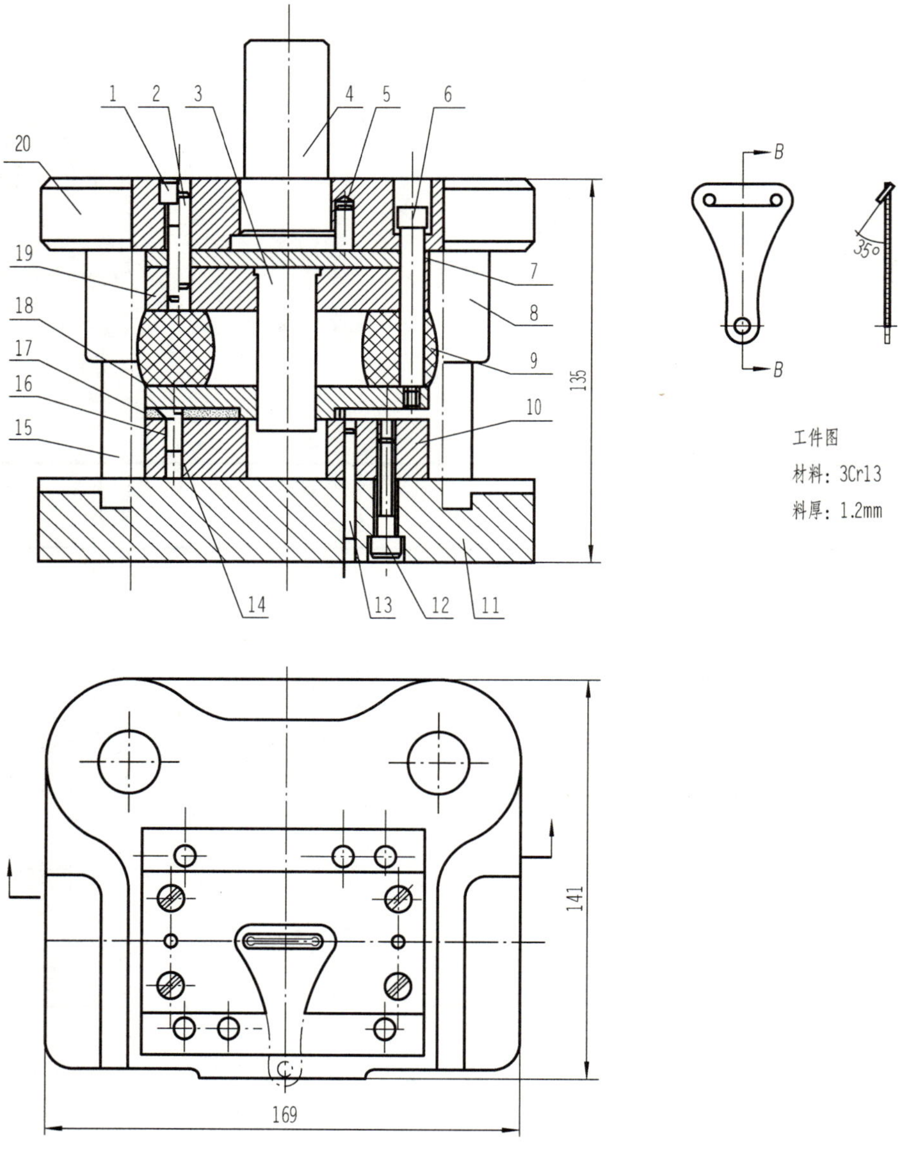

图 F-12　水果刨切舌模

1、12—螺钉；2、5、13、14—销；3—凸模；4—模柄；6—卸料螺钉；7—凸模垫板；8—导套；9—橡胶；10—凹模；11—下模座；15—导柱；16—十字槽螺钉；17—定位板；18—卸料板；19—凸模固定板；20—上模座

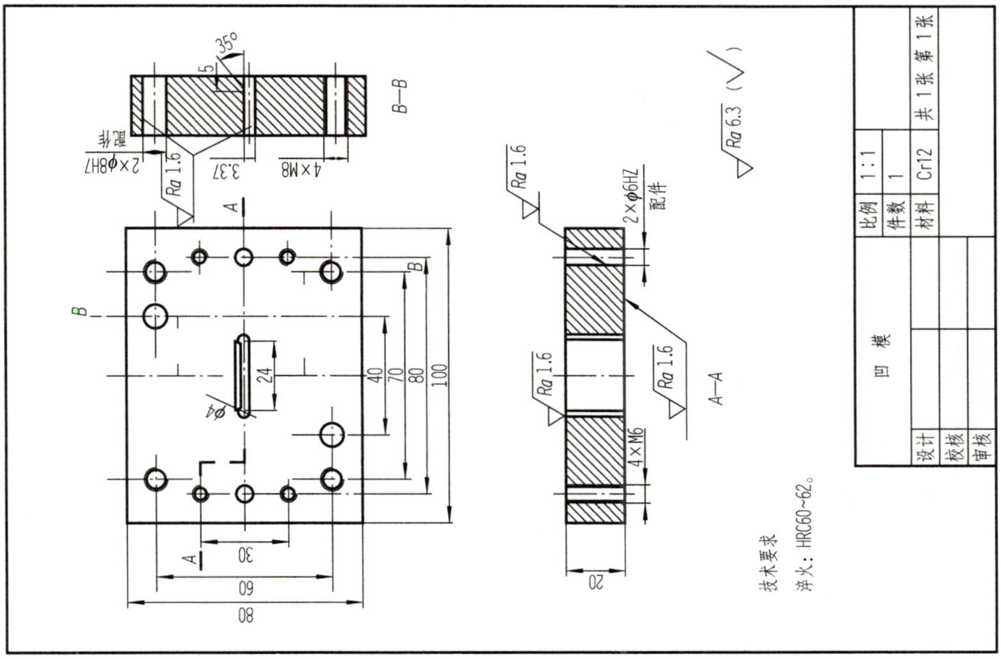

图 F-14 凹模

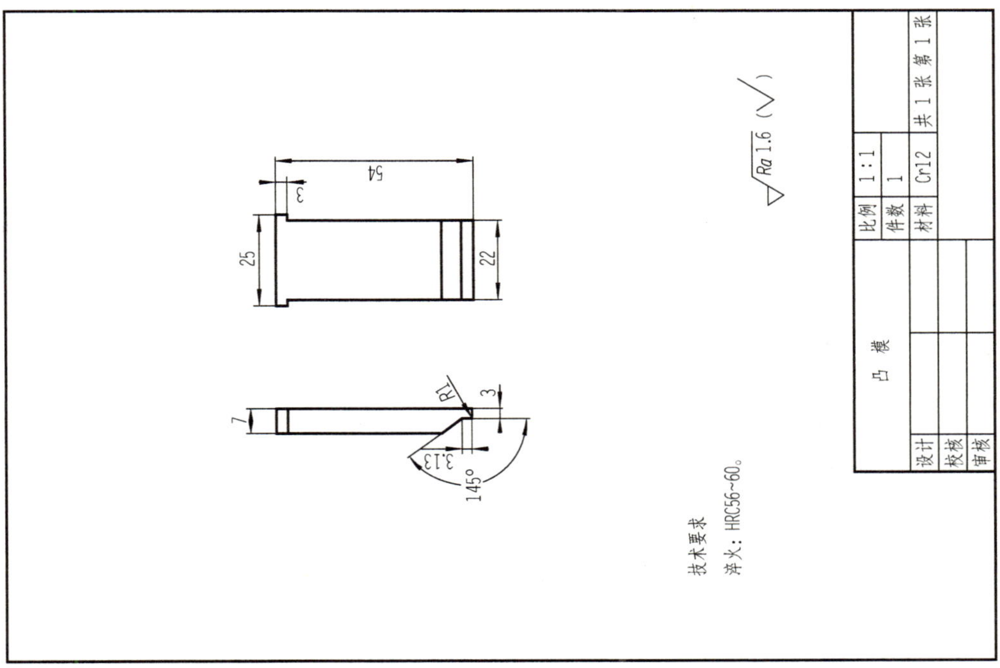

图 F-13 凸模

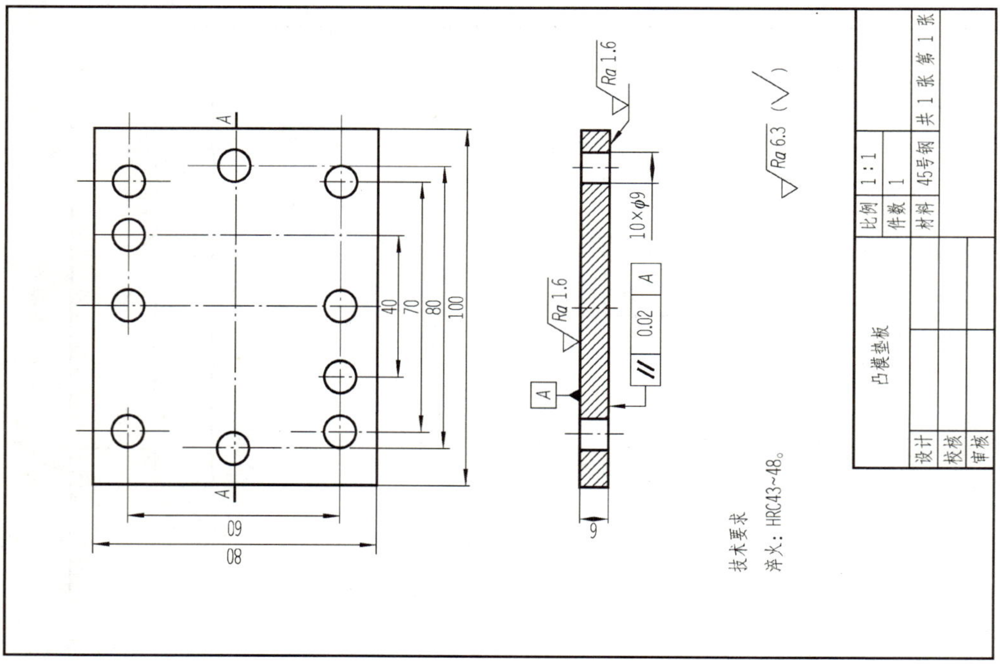

图 F-15 凸模垫板

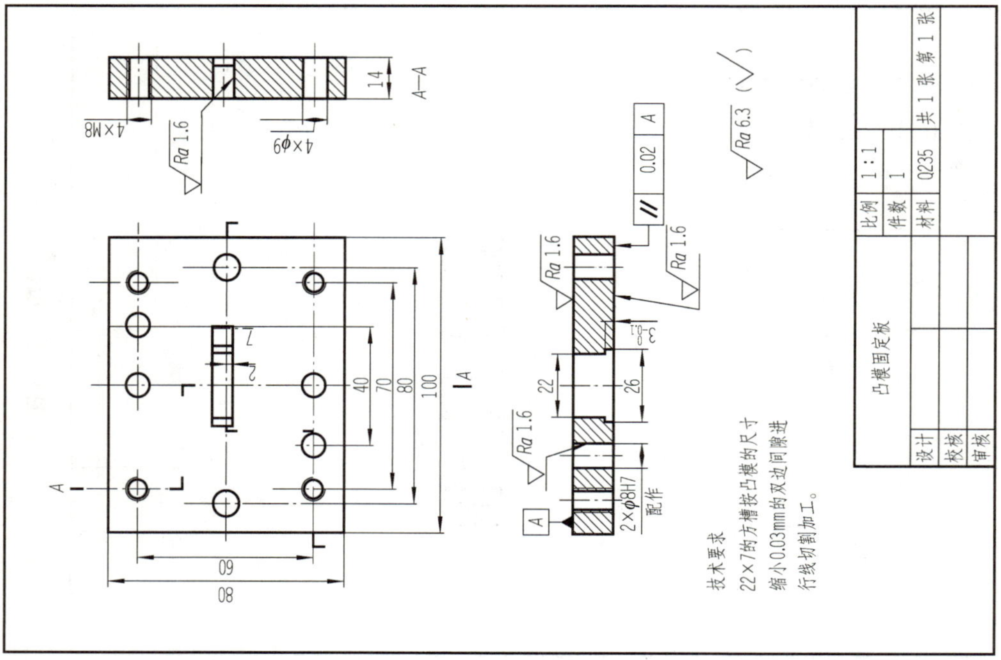

图 F-16 凸模固定板

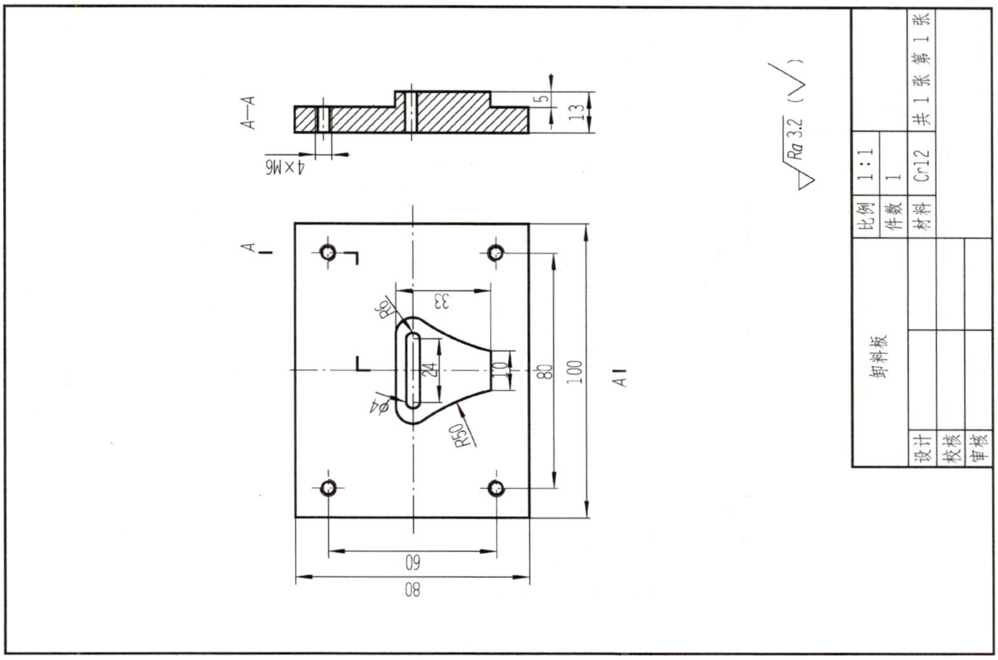

图 F-18　卸料板

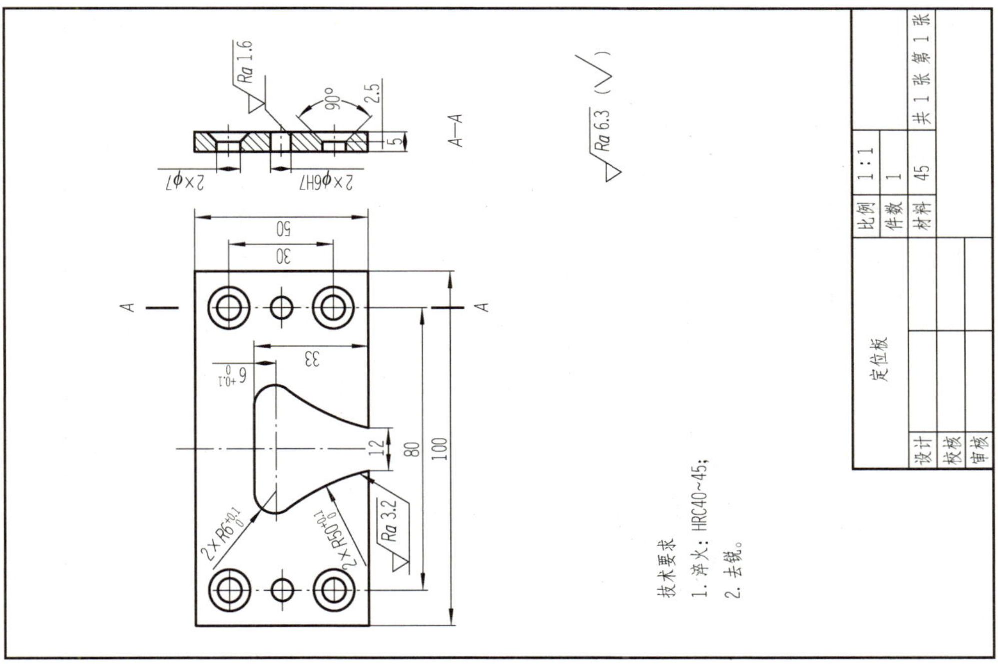

图 F-17　定位板

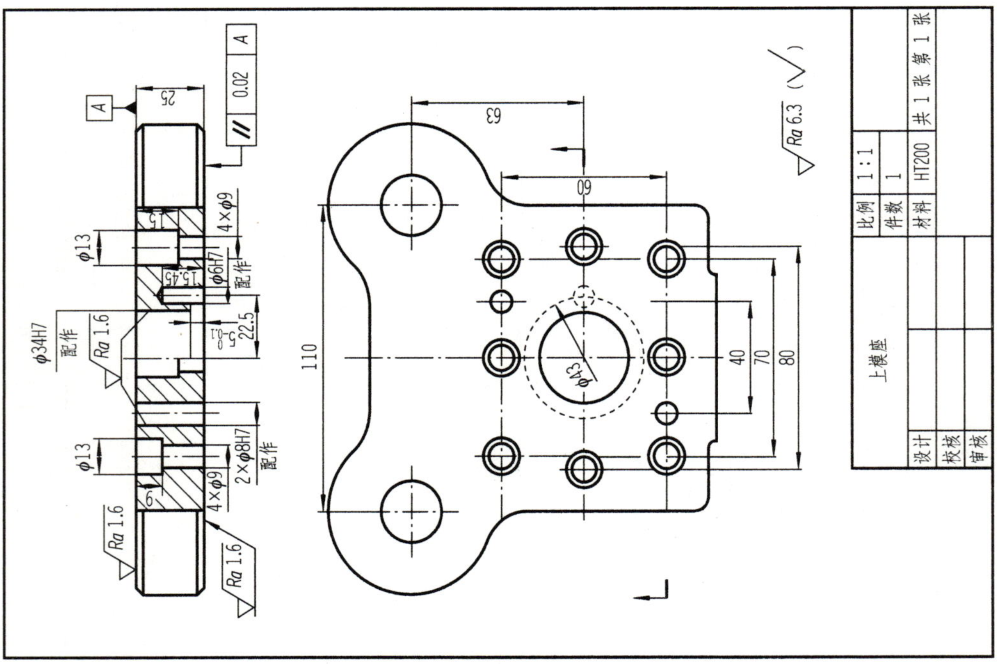

图 F-19 上模座

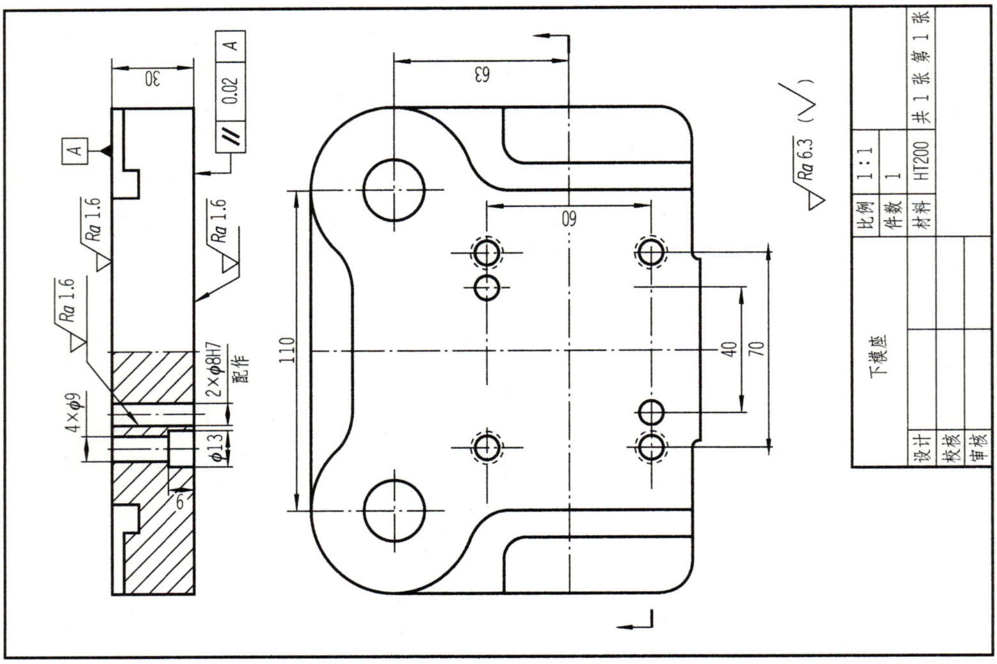

图 F-20 下模座

附录3　水果刨冲孔落料复合模图样

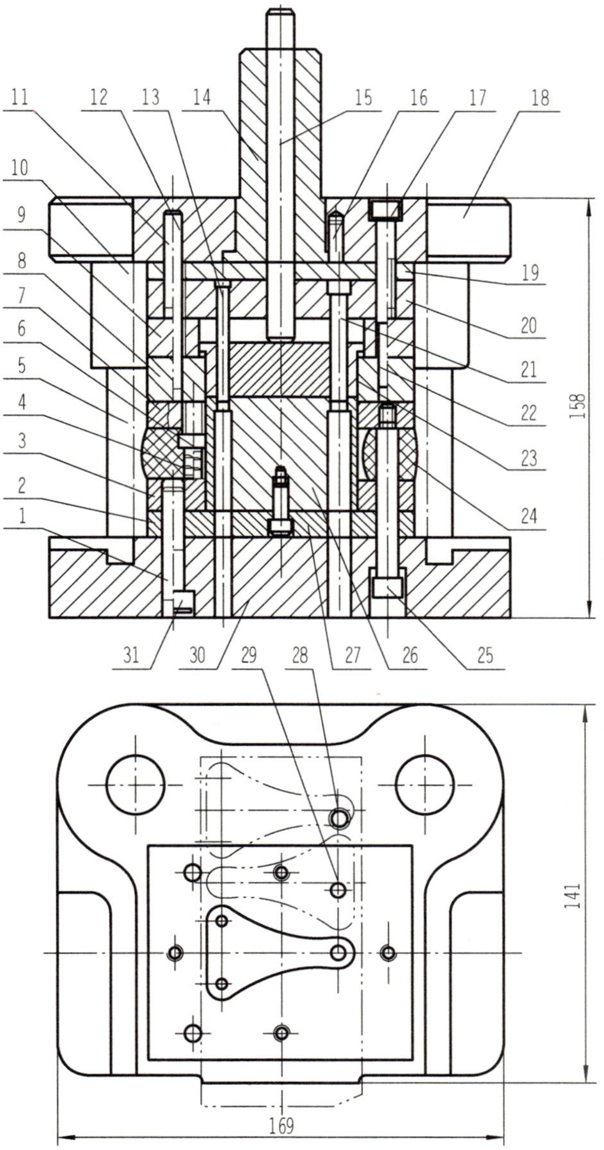

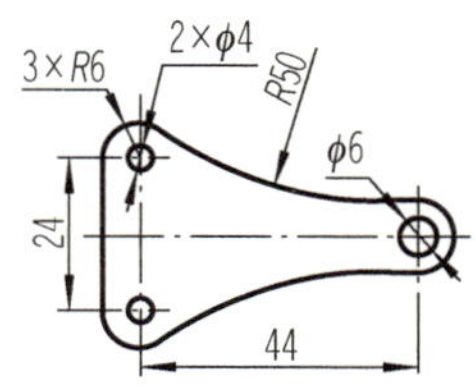

工作图
材料：3Cr13
料厚：1.2mm

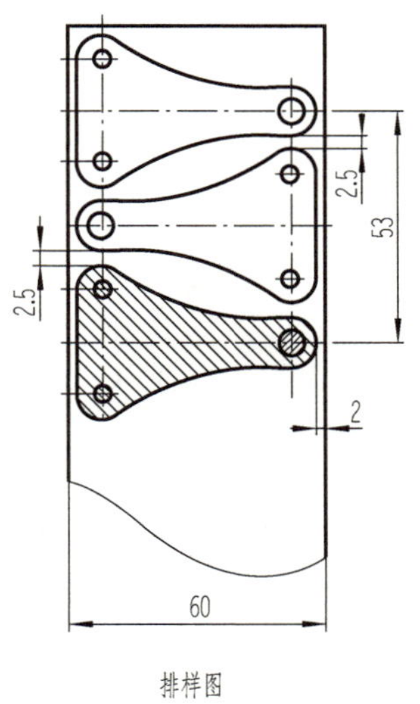

排样图

图 F-21　水果刨冲孔落料复合模

1—固定销；2—凸、凹模垫板；3—凸、凹模固定板；4—弹簧；5—导柱；6—活动导料销；7—卸料板；8—落料凹模；9—凹模垫板；10—导套；11、12—销；13—小冲孔凸模；14—模柄；15—打杆；16—防转销；17、22、27、31—螺钉；18—上模座；19—凸模垫板；20—凸模固定板；21—大冲孔凸模；23—推件块；24—卸料橡胶；25—卸料螺钉；26—凸、凹模；28—固定挡料销；29—始用挡料销；30—下模座

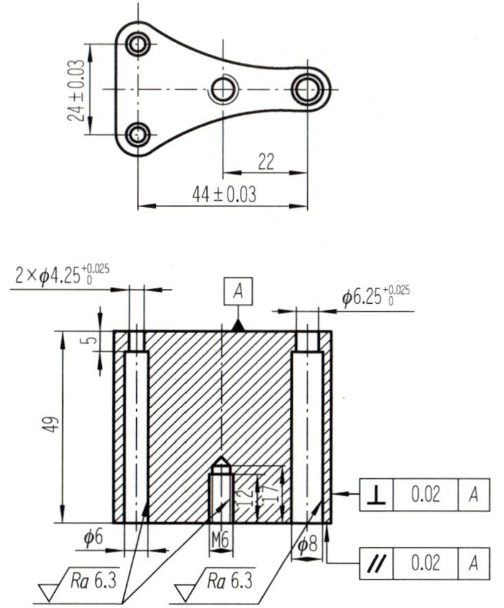

技术要求

1. 外形按凹模配作，保证双边间隙0.1mm；
2. 淬火：HRC58~60。

Ra 1.6 (√)

凹凸模		比例	1∶1	
		件数	1	
设计		材料	Cr12	共 1 张 第 1 张
校核				
审核				

图 F-22　凹凸模

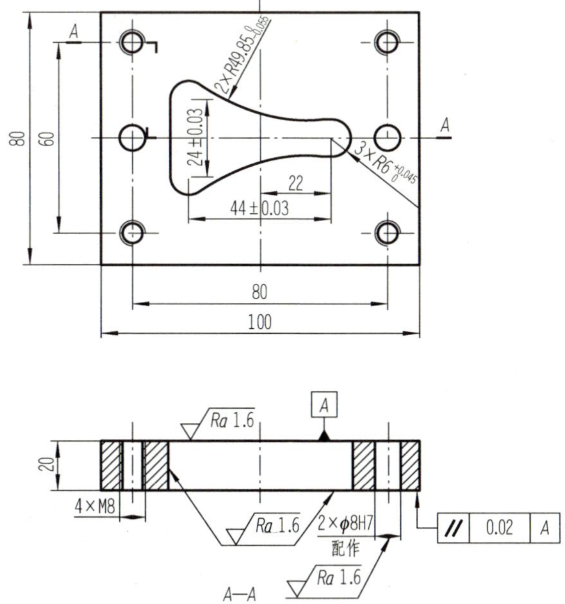

技术要求

1. 内型采用线切割加工；
2. 淬火：HRC58~60；
3. 去锐。

Ra 6.3 (√)

落料凹模		比例	1∶1	
		件数	1	
设计		材料	Cr12	共 1 张 第 1 张
校核				
审核				

图 F-23　落料凹模

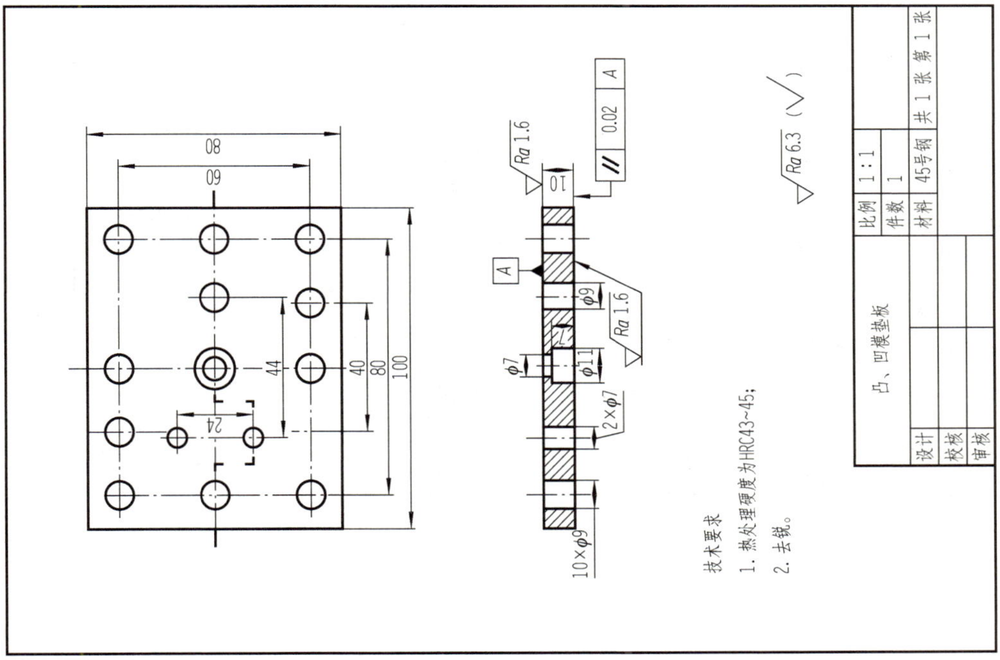

图 F-25　凸、凹模垫板

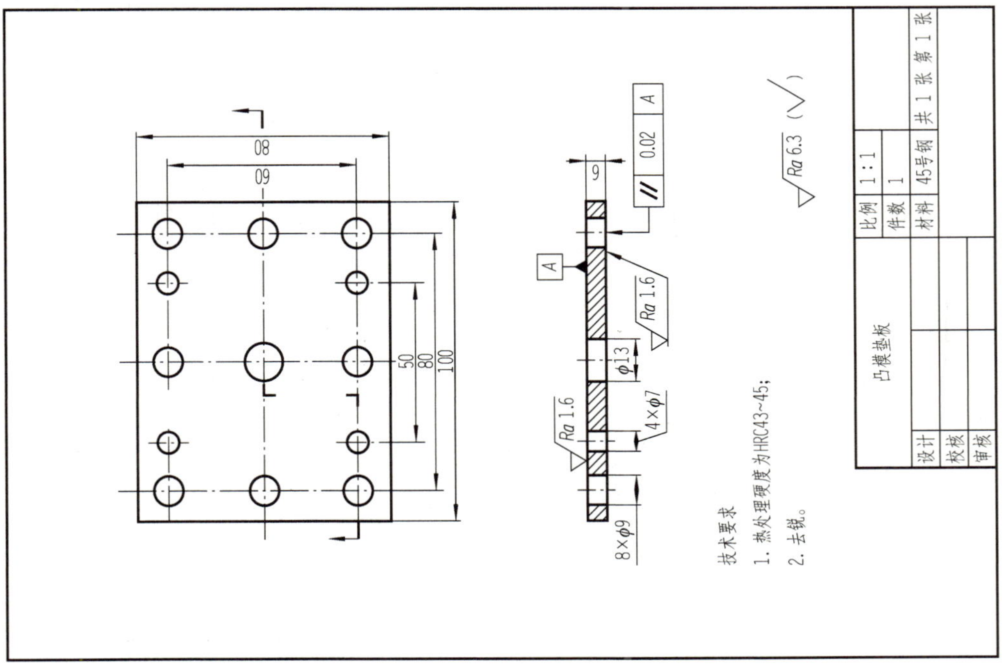

图 F-24　凸模垫板

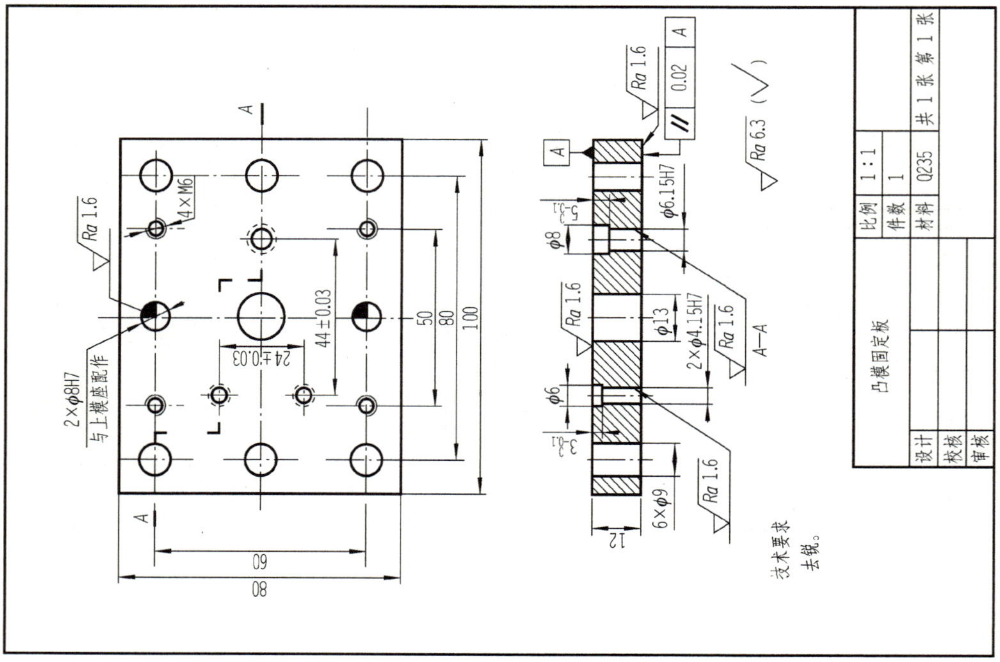

图 F-27 凸模固定板

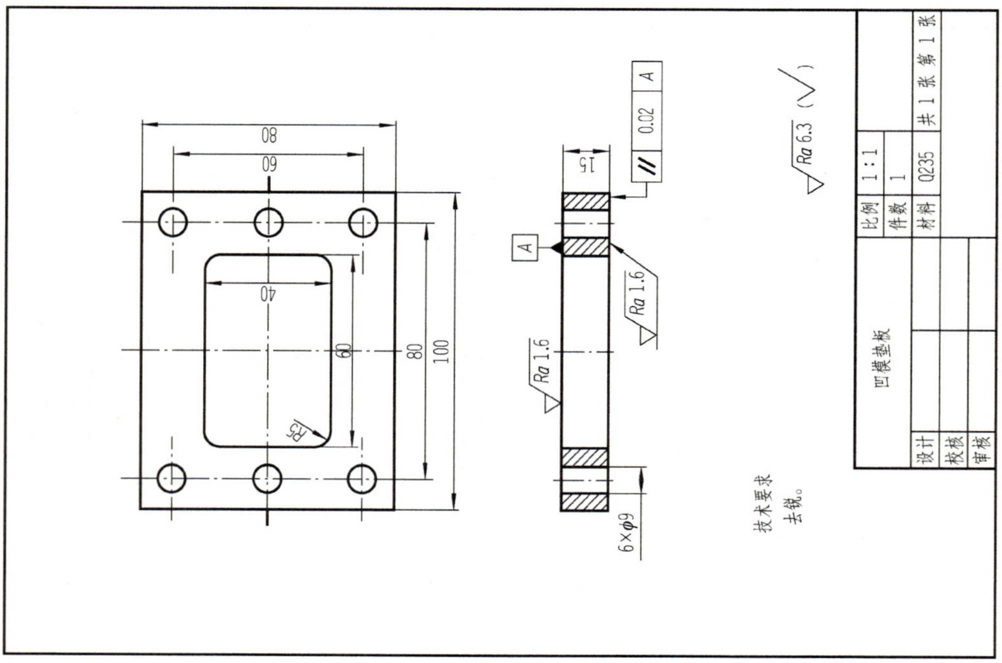

图 F-26 凹模垫板

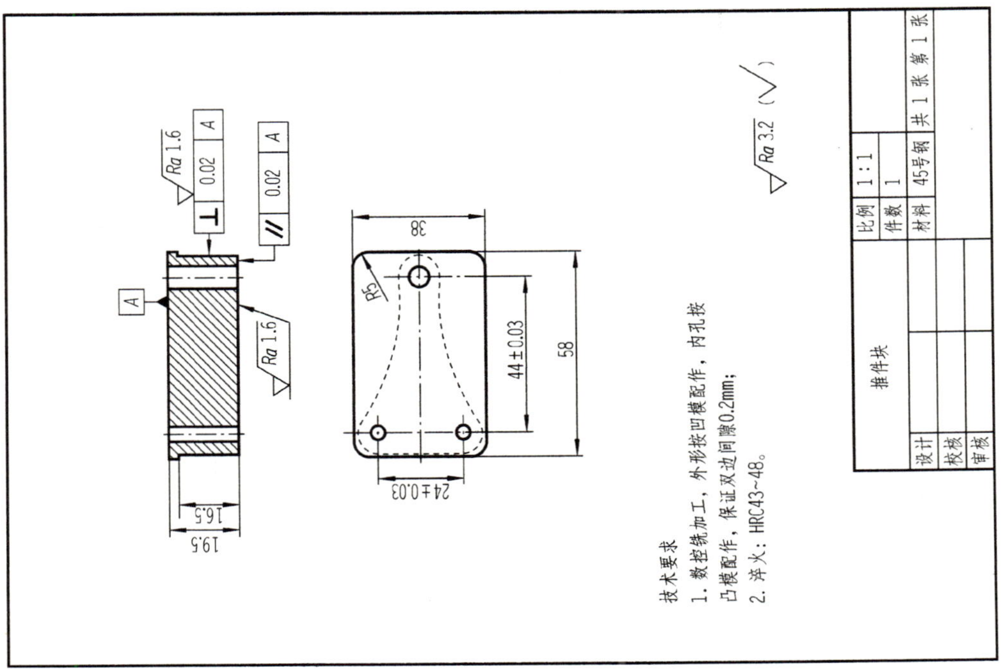

图 F-28 推件块

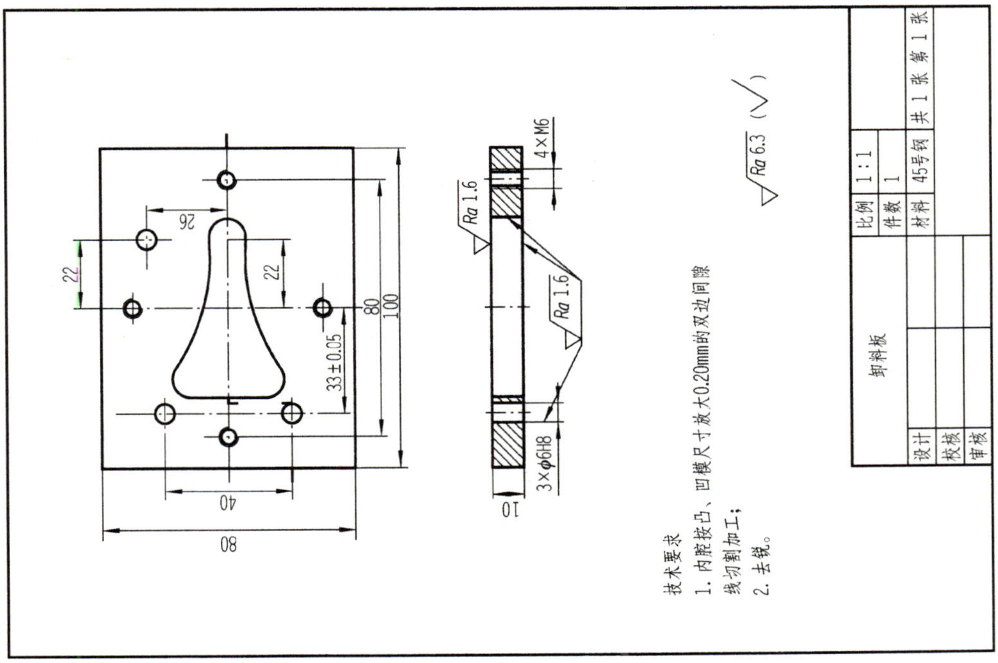

图 F-29 卸料板

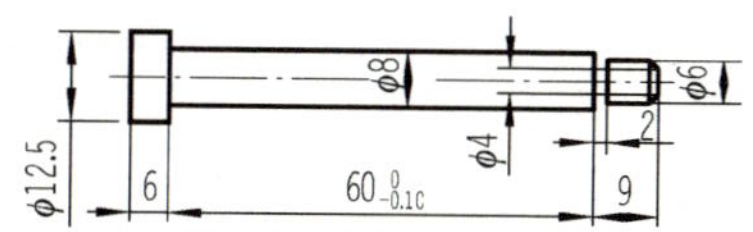

$\sqrt{Ra\ 3.2}$ (√)

技术要求

淬火：HRC43~48。

卸料螺钉		比例	1:1	
		件数	1	
设计		材料	45号钢	共 1 张 第 1 张
校核				
审核				

图 F-30　卸料螺钉

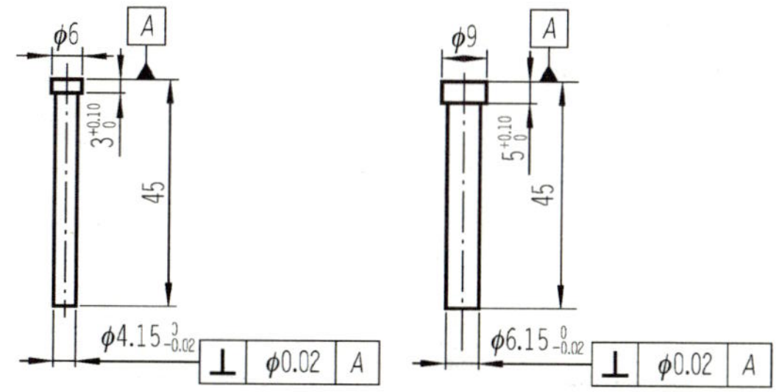

$\sqrt{Ra\ 1.6}$ (√)

技术要求

淬火：HRC56~60。

大、小冲孔凸模		比例	1:1	
		件数	1	
设计		材料	T10A	共 1 张 第 1 张
校核				
审核				

图 F-31　大、小冲孔凸模

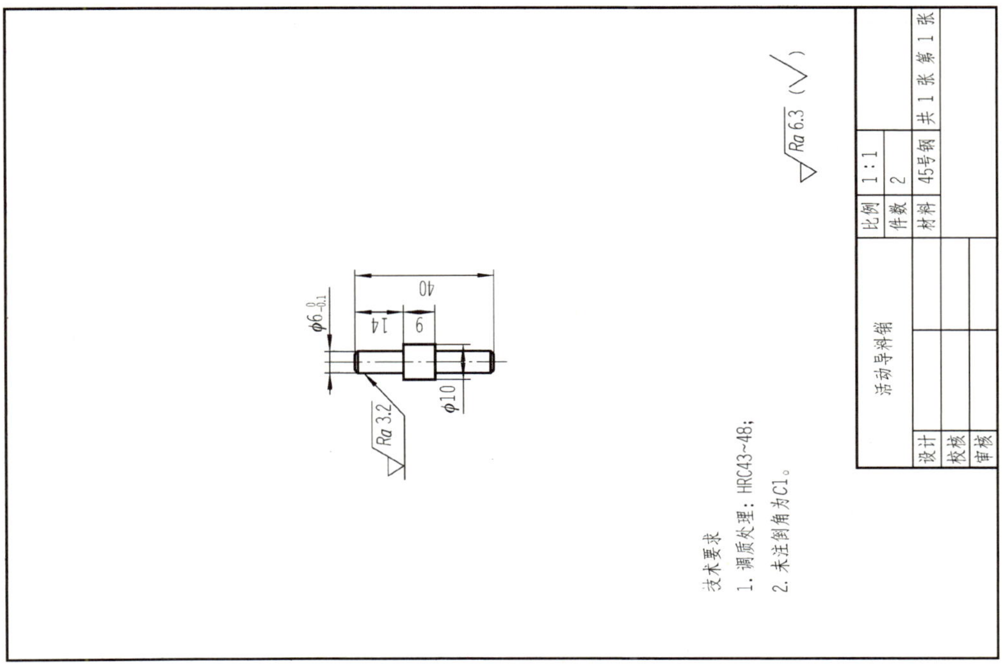

图 F-32　活动导料销

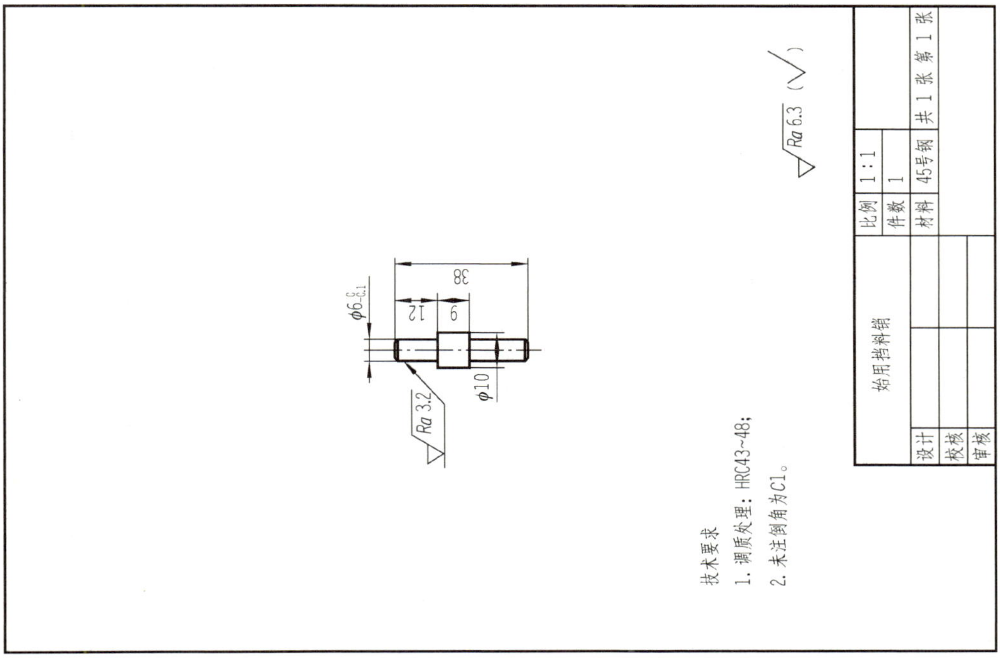

图 F-33　始用挡料销

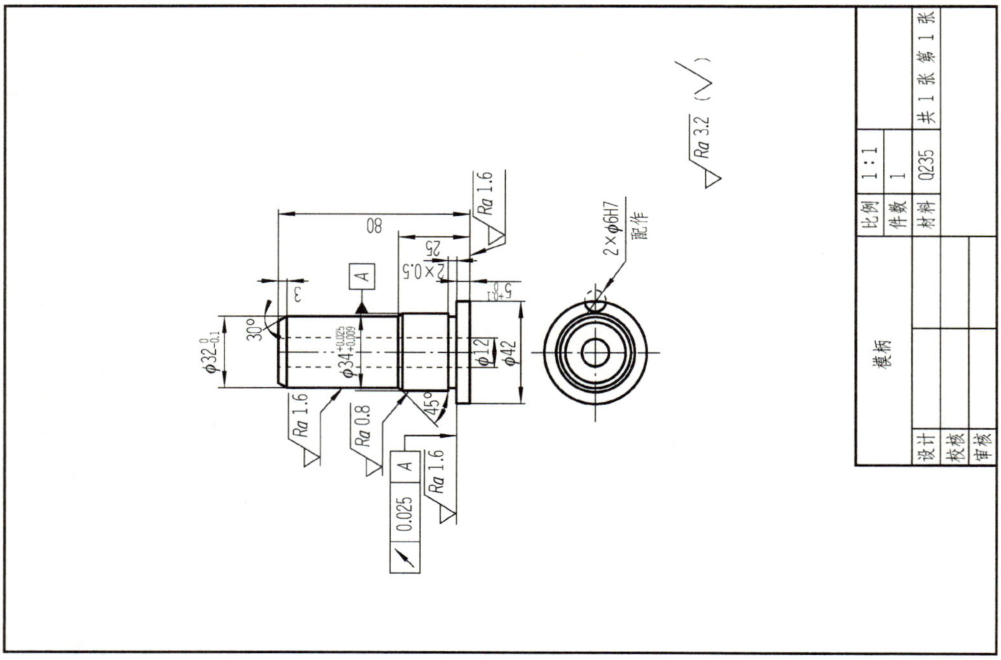

图 F-35 模柄

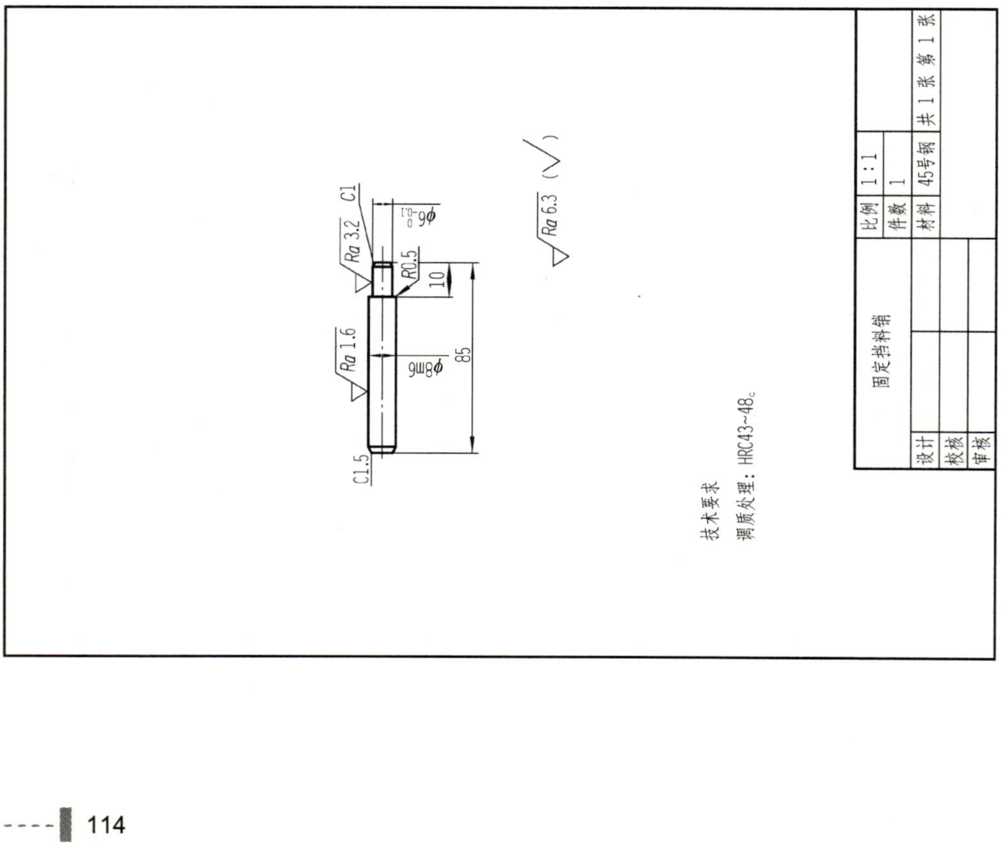

图 F-34 固定挡料销

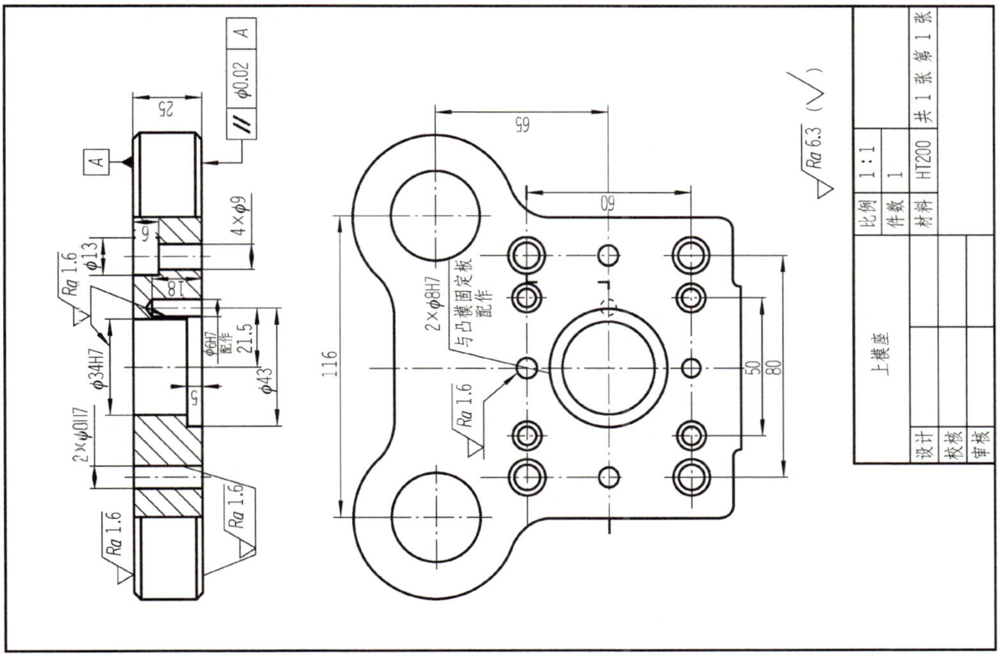

图 F-37　上模座

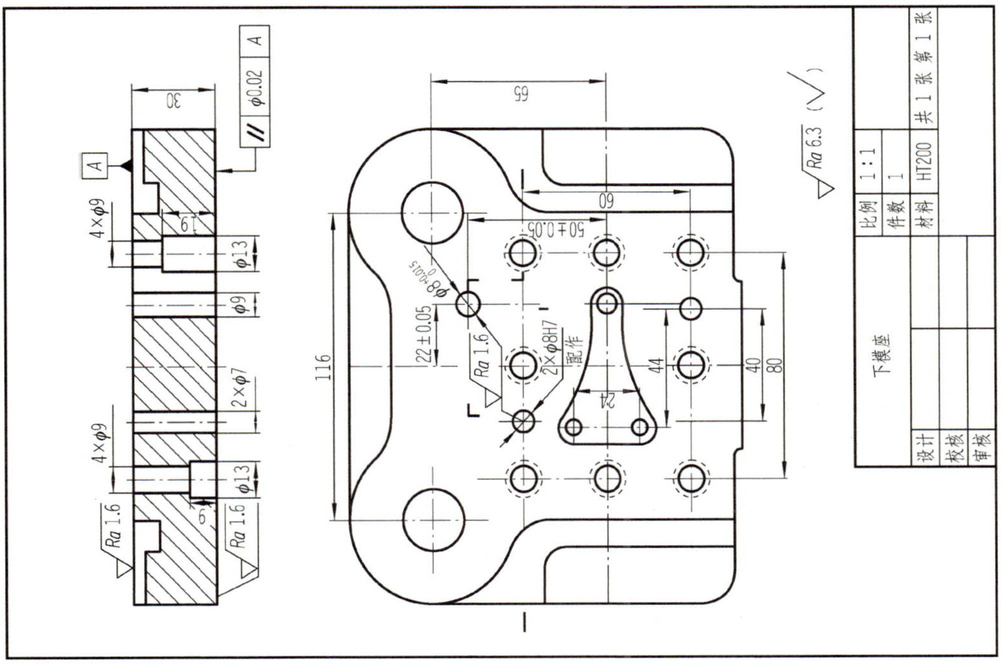

图 F-36　下模座

附录4 水果刨冲孔切舌落料连续模装配图

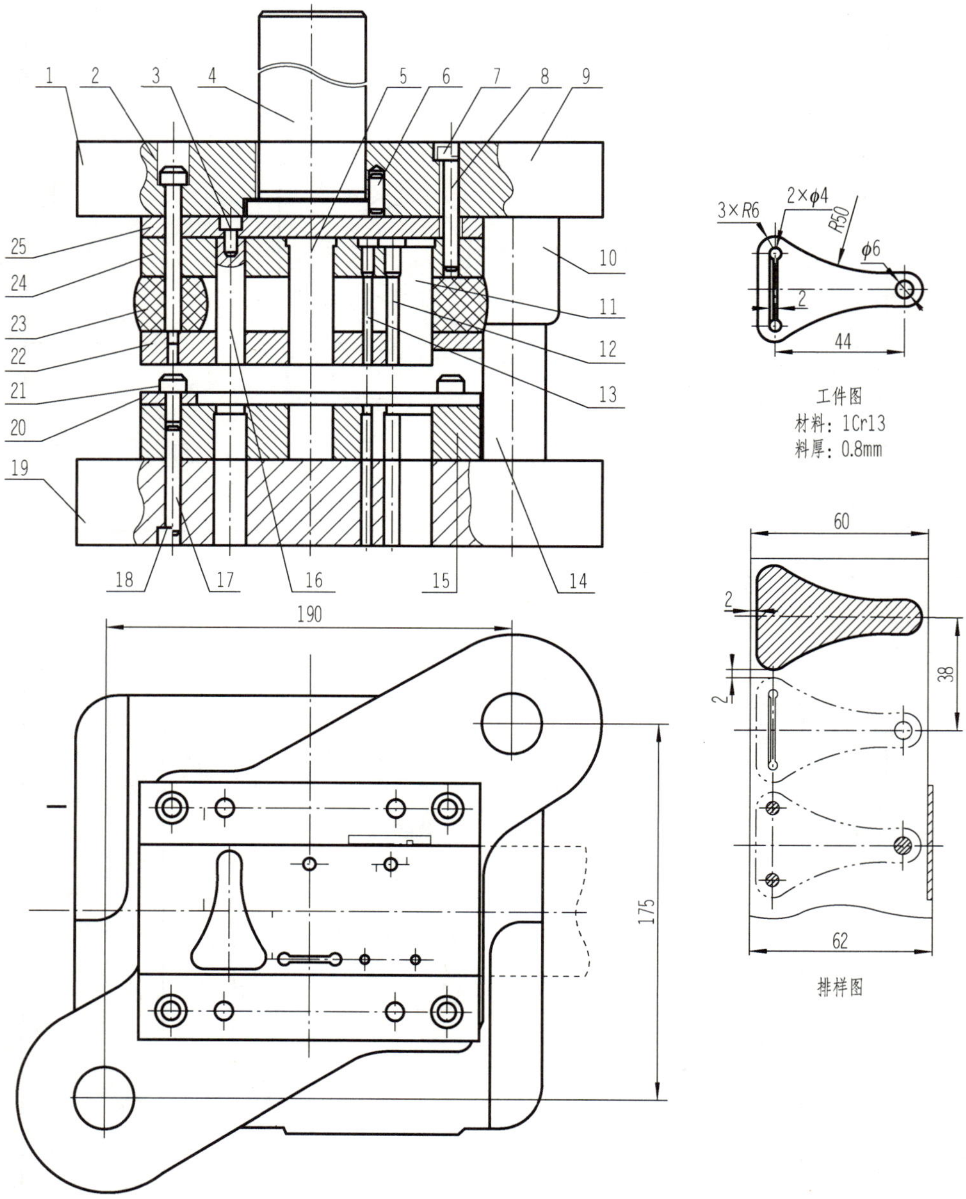

图 F-38 水果刨冲孔切舌落料连续模

1—上模座；2—卸料螺钉；3、7、18、21—螺钉；4—模柄；5—切舌凸模；6、8、17—销；9—上模座；10—导套；11—侧刃；12—大冲孔凸模；13—小冲孔凸模；14—导柱；15—凹模；16—落料凸模；19—下模座；20—导料板；22—卸料板；23—卸料橡胶；24—凸模固定板；25—垫板

附录5　水果刨压印弯曲模装配图

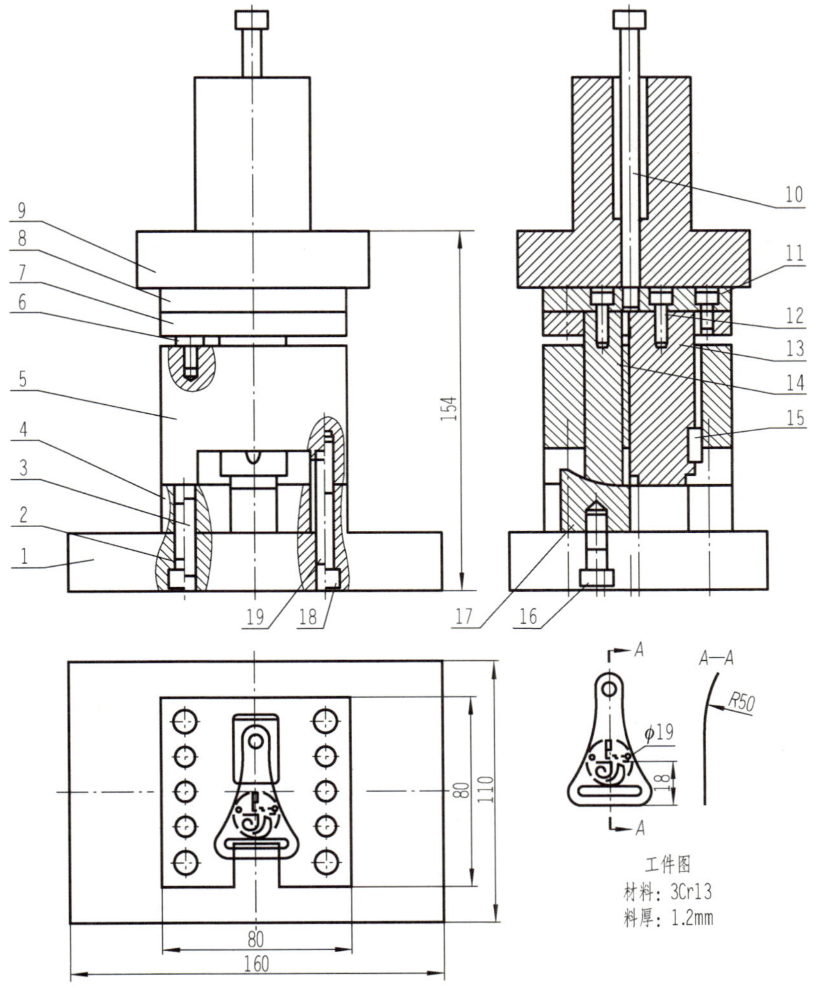

图F-39　水果刨压印弯曲模

1—下模座；2、11、12、16、18—螺钉；3、19—销；4、8—垫板；5—导向板；6—限位块；7—凸模固定板；9—模柄；10—打杆；13—压印凸模；14—弯曲凸模；15—方键；17—弯曲凹模

附录6　水果刨刃口磨削夹具装配图

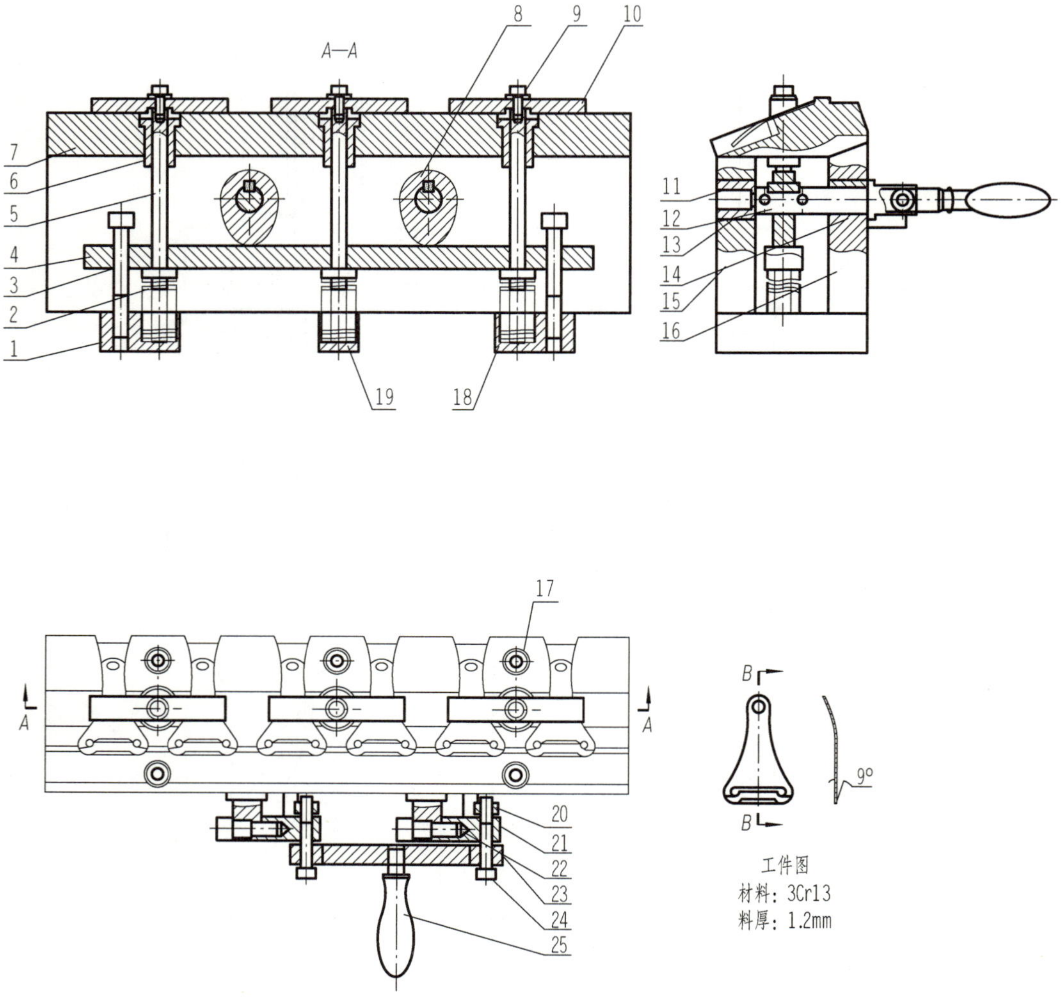

图 F-40　水果刨刃口磨削夹具

1—左侧垫块；2—矩形弹簧；3、17、18、23—螺钉；4—传动板；5—压杆；6—套筒；7—夹具体；8—凸轮；9—内六角圆柱头螺钉；10—浮动压块；11—方键；12—轴；13、14—轴套；15—支撑板 1；16—支撑板 2；19—右侧垫块；20—中间垫块；21—螺母；22—板 1；24—板 2；25—手柄

附录7　常用模具材料摘录

表F-1　冷冲模模具材料的选用举例及其硬度要求

模具类型		工作条件	推荐选用的材料牌号		硬度（HRC）	
			中、小批量生产	大量生产	凸模	凹模
冲裁模	精冲模		Cr12MoV、Cr12Mo1V1、Cr4W2MoV、Cr12、Cr5Mo1V、W6Mo5Cr4V2		60～62	61～63
	硅钢片冲模	形状简单，冲裁硅钢板厚度小于等于1mm的凸、凹模	CrWMn、Cr6WV、Cr12、Cr12MoV	YG15、YG20或YG25硬质合金，YE50或YE65钢结硬质合金（另附模套材料可采用中碳钢或T10A）	60～62	60～64
		形状复杂，冲裁硅钢板厚度小于等于1mm的凸、凹模	Cr6WV、Cr12、Cr4W2MoV、Cr2Mn2SiWMoV、Cr12MoV			
	钢板落料、冲孔模	形状简单，冲裁材料厚度小于等于4mm的凸、凹模	T10A、9Mn2V、9SiCr、GCr15	YG15、YG20或YG25硬质合金，YE50或YE65钢结硬质合金（另附模套材料可采用中碳钢或T10A）	薄板（小于等于4mm）：58～60；厚板：小于56	薄板（小于等于4mm）：60～62；厚板：小于56
		形状复杂，冲裁材料厚度小于等于4mm的凸、凹模	CrWMn、9CrWMn、9Mn2V、Cr6WV			
		冲裁材料厚度大于4mm，载荷较重的凸、凹模	Cr12、Cr12MoV、Cr4W2MoV、65Nb、Cr2Mn2SiWMoV、5CrW2Si、012Al、W6Mo5Cr4V2	同上，但模套材料需采用中碳合金钢		
		加热冲裁	8Cr3、3Cr2W8V、6CrW2Si、CG2、012Al		368～415HBW，48～52	321～368HBW，51～53
	穿孔冲头	轻载荷（冲裁薄板，厚度小于等于4mm）	T7A、T10A、9Mn2V		直径小于5mm：56～62；直径大于10mm：52～56，56～60	—
		重载荷（冲裁厚板，厚度大于4mm）	W18Cr4V、W6Mn5Cr4V2、6W6Mo5Cr4V、V3N			

续表

模具类型		工作条件	推荐选用的材料牌号		硬度（HRC）	
			中、小批量生产	大量生产	凸模	凹模
冲裁模	剪刀（切断模）	剪切薄板（厚度小于等于4mm）	T10A、T12A、9Mn2V、GCr15		45～50，54～58	—
		剪切薄板的长剪刀	CrWMn、9CrWMn、9Mn2V、GCr15、Cr2Mn2SiWMoV			
		剪切厚板（厚度大于4mm）	5CrW2Si、Cr4W2MoV、Cr12MoV		60～64	
	修（切）边模	形状简单的	T10A、T12A、9Mn2V、GCr15		56～60	58～62
		形状较复杂的	CrWMn、9Mn2V、Cr2Mn2SiWMoV			
弯曲模（压弯模）		一般弯曲的凸、凹模	T7A、T10A、9Mn2V、GCr15		54～58	56～60
		载荷较重、要求高度耐磨的凸、凹模	Cr6WV、Cr12、Cr12MoV、Cr4W2MoV		54～58	58～62
		热弯曲时的凸、凹模	5CrNiMo、5CrNiTi、5CrMnMo、4Cr5MoSiV（H11）		52～54	52～56

附录8　常用冲压材料摘录

表 F-2　黑色金属力学性能

材料名称	牌号	材料状态	抗剪强度τ_b /MPa	抗拉强度σ_b /MPa	断后伸长率δ_{10}/%	屈服点σ_s /MPa
电工用纯铁 W_C<0.025%	DT1、DT2、DT3	已退火	180	230	26	—
电工硅钢	D11、D12、D21、D31、D32、D41～48、D310～340	已退火	190	230	26	—
		未退火	560	650	—	
碳素结构钢	Q195	未退火	260～320	320～400	28～33	—
	Q215		270～340	320～420	26～31	220
	Q235		310～380	380～470	21～25	240
	Q255		340～420	420～520	19～23	260
	Q275		400～500	500～620	15～19	280
优质碳素结构钢	05	已退火	200	230	28	—
	05F		210～300	260～380	32	—
	08F		220～310	280～390	32	180

续表

材料名称	牌号	材料状态	抗剪强度τ_b /MPa	抗拉强度σ_b /MPa	断后伸长率δ_{10}/%	屈服点σ_s /MPa
优质碳素结构钢	08	已退火	260～360	330～450	32	200
	10F		220～340	280～420	30	190
	10		260～340	300～440	29	210
	15F		250～370	320～460	28	—
	15		270～380	340～480	26	230
	20F		280～390	340～480	26	230
	20		280～400	360～510	25	250
	25		320～440	400～550	24	280
	30		360～480	450～600	22	300
	35		400～520	500～650	20	320
	40		420～540	520～670	18	340
	45		440～560	550～700	16	360
	50		440～580	550～730	14	380
	55	已正火	550	≥670	14	390
	60		550	≥700	13	410
	65		600	≥730	12	420
	70		600	≥760	11	430
	65Mn	已退火	600	750	12	400
碳素工具钢热轧钢板	T7～T12 T7A～T12A	已退火	600	750	10	—
	T13、T13A		720	900	10	—
	T8A、T9A	冷作硬化	600～950	750～1200	—	—
合金工具钢	10Mn2	已退火	320～460	400～580	22	230
合金结构钢	25CrMnSiA 25CrMnSi 30CrMnSiA 25CrMnSi	已低温退火	400～560	500～700	18	—
			440～600	550～750	16	—
弹簧钢	60Si2Mn 60Si2MnA 65Si2MnA	已低温退火	720	900	10	—
		冷作硬化	640～960	800～1200	10	
不锈钢	1Cr13	已退火	320～380	400～470	21	—
	2Cr13		320～400	400～500	20	—
	3Cr13		400～480	500～600	18	480
	4Cr13		400～480	500～600	15	500
	1Cr18Ni9 2Cr18Ni9	经热处理	460～520	580～640	35	200
		冷辗压冷作硬化	800～880	1000～1100	38	220
	1Cr18Ni9Ti	经热处理退软	430～550	540～700	40	200

表 F-3　有色金属力学性能

材料名称	牌号	材料状态	抗剪强度τ_b /MPa	抗拉强度σ_b /MPa	断后伸长率 δ_{10}/%	屈服点σ_s /MPa
铝	1070A（L2）、1050A（L3）、1200（L5）	已退火	80	75～110	25	50～80
		冷作硬化	100	120～150	4	—
铝锰合金	3A21（LF21）	已退火	70～100	110～145	19	50
		半冷作硬化	100～140	155～200	13	130
铝镁合金 铝铜镁合金	5A02（LF2）	已退火	130～160	180～230	—	100
		半冷作硬化	160～200	230～280	—	210
高强度的铝镁铜合金	7A04（LC4）	已退火	170	250	—	—
		淬硬并经人工时效	350	500	—	460
镁锰合金	MB1	已退火	120～240	170～190	3～5	98
	MB8	已退火	170～190	220～230	12～14	140
		冷作硬化	190～200	240～250	8～10	160
硬铝 （杜拉铝）	2A12（LY12）	已退火	105～150	150～215	12	—
		淬硬并经自然时效	280～310	400～440	15	368
		淬硬后冷作硬化	280～320	400～460	10	340
纯铜	T1、T2、T3	软	160	200	30	7
		硬	240	300	3	—
黄铜	H62	软	260	300	35	—
		半硬	300	380	20	200
		硬	420	420	10	—
	H68	软	240	300	40	100
		半硬	280	350	25	—
		硬	400	400	15	250
铅黄铜	HPb59-1	软	300	350	25	145
		硬	400	450	5	420
锰黄铜	HMn58-2	软	340	390	25	170
		半硬	400	450	15	—
		硬	520	600	5	—
锡磷青铜 锡锌青铜	QSn6.5-2.5 QSn4-3	软	260	300	38	140
		硬	480	550	3～5	—
		特硬	500	650	1～2	546
铝青铜	QA17	退火	520	600	10	186
		不退火	560	650	5	250
铝锰青铜	QA19-2	软	360	450	18	300
		硬	480	600	5	500

续表

材料名称	牌号	材料状态	抗剪强度τ_b /MPa	抗拉强度σ_b /MPa	断后伸长率 δ_{10}/%	屈服点σ_s /MPa
硅锰青铜	QSi3-1	软	280～300	350～380	40～45	239
		硬	480～520	600～650	3～5	540
		特硬	560～600	700～750	1～2	—
铍青铜	QBe2	软	240～480	300～600	30	250～350
		硬	520	660	2	—
钛合金	BT1-1	退火	360～480	450～600	25～30	—
	BT1-2		440～600	550～750	20～25	—
	BT5		640～680	800～850	15	—
镁合金	MB1	冷态	120～140	170～190	3～5	120
	MB8		150～180	230～240	14～15	220
	MB1	预热 300℃	30～50	30～50	50～52	—
	MB8		50～70	50～70	58～62	—

附录9　常用冲压标准件摘录

附 9.1　压入式模柄

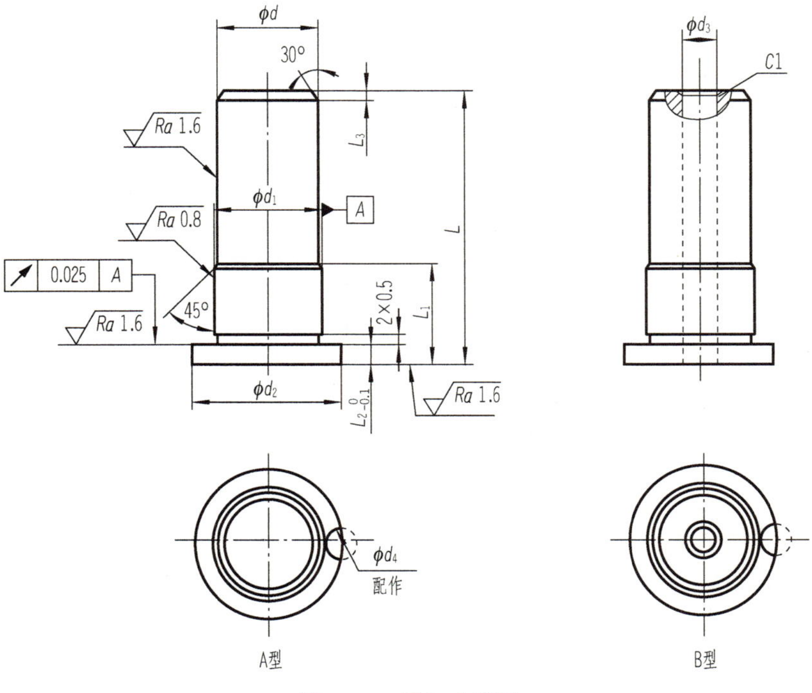

图 F-41　压入式模柄

表 F-4　压入式模柄相关参数　　（单位：mm）

<table>
<tr><th>d</th><th>d_1</th><th>d_2</th><th>L</th><th>L_1</th><th>L_2</th><th>L_3</th><th>d_3</th><th>d_4</th></tr>
<tr><td rowspan="3">20</td><td rowspan="3">22</td><td rowspan="3">29</td><td>60</td><td>20</td><td rowspan="3">4</td><td rowspan="3">2</td><td rowspan="3">7</td><td rowspan="3">6</td></tr>
<tr><td>65</td><td>25</td></tr>
<tr><td>70</td><td>30</td></tr>
<tr><td rowspan="4">25</td><td rowspan="4">26</td><td rowspan="4">33</td><td>65</td><td>20</td><td rowspan="4">4</td><td rowspan="4">2.5</td><td rowspan="4">7</td><td rowspan="4">6</td></tr>
<tr><td>70</td><td>25</td></tr>
<tr><td>75</td><td>30</td></tr>
<tr><td>80</td><td>35</td></tr>
<tr><td rowspan="4">32</td><td rowspan="4">34</td><td rowspan="4">42</td><td>80</td><td>25</td><td rowspan="4">5</td><td rowspan="4">3</td><td rowspan="4">11</td><td rowspan="9">6</td></tr>
<tr><td>85</td><td>30</td></tr>
<tr><td>90</td><td>35</td></tr>
<tr><td>95</td><td>40</td></tr>
<tr><td rowspan="5">40</td><td rowspan="5">42</td><td rowspan="5">50</td><td>100</td><td>30</td><td rowspan="5">6</td><td rowspan="5">4</td><td rowspan="5">11</td></tr>
<tr><td>105</td><td>35</td></tr>
<tr><td>110</td><td>40</td></tr>
<tr><td>115</td><td>45</td></tr>
<tr><td>120</td><td>50</td></tr>
<tr><td rowspan="6">50</td><td rowspan="6">52</td><td rowspan="6">61</td><td>105</td><td>35</td><td rowspan="6">8</td><td rowspan="6">5</td><td rowspan="6">15</td><td rowspan="6">6</td></tr>
<tr><td>110</td><td>40</td></tr>
<tr><td>115</td><td>45</td></tr>
<tr><td>120</td><td>50</td></tr>
<tr><td>125</td><td>55</td></tr>
<tr><td>130</td><td>60</td></tr>
<tr><td rowspan="7">60</td><td rowspan="7">62</td><td rowspan="7">71</td><td>115</td><td>40</td><td rowspan="7">8</td><td rowspan="7">5</td><td rowspan="7">15</td><td rowspan="7">8</td></tr>
<tr><td>120</td><td>45</td></tr>
<tr><td>125</td><td>50</td></tr>
<tr><td>130</td><td>55</td></tr>
<tr><td>135</td><td>60</td></tr>
<tr><td>140</td><td>65</td></tr>
<tr><td>145</td><td>70</td></tr>
</table>

附 9.2　凸缘式模柄

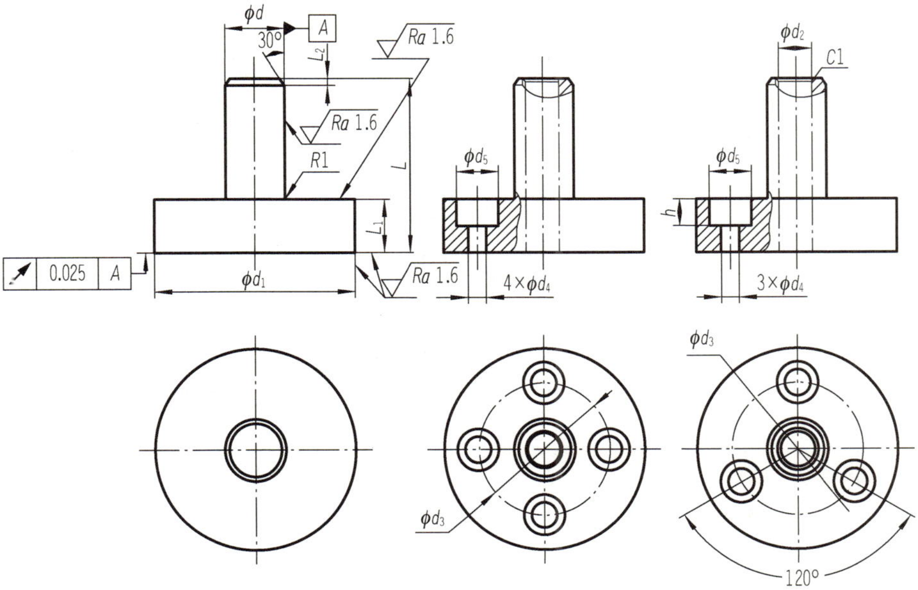

图 F-42　凸缘式模柄

表 F-5　凸缘式模柄相关参数　　（单位：mm）

<table>
<tr><th>d</th><th>d_1</th><th>L</th><th>L_1</th><th>L_2</th><th>d_2</th><th>d_3</th><th>d_4</th><th>d_5</th><th>h</th></tr>
<tr><td>20</td><td>67</td><td>58</td><td rowspan="2">18</td><td>2</td><td rowspan="4">11</td><td>44</td><td rowspan="4">9</td><td rowspan="4">14</td><td rowspan="4">9</td></tr>
<tr><td>25</td><td>82</td><td>63</td><td>2.5</td><td>54</td></tr>
<tr><td>32</td><td>97</td><td>79</td><td rowspan="5">23</td><td>3</td><td>65</td></tr>
<tr><td>40</td><td>122</td><td rowspan="2">91</td><td>4</td><td>81</td></tr>
<tr><td>50</td><td>132</td><td rowspan="3">5</td><td rowspan="3">15</td><td>91</td><td>11</td><td>17</td><td>11</td></tr>
<tr><td>60</td><td>142</td><td>96</td><td>101</td><td rowspan="2">13</td><td rowspan="2">20</td><td rowspan="2">13</td></tr>
<tr><td>70</td><td>152</td><td>100</td><td>110</td></tr>
</table>

附 9.3　圆柱头直杆圆凸模（摘自 JB/T 5825—2008）

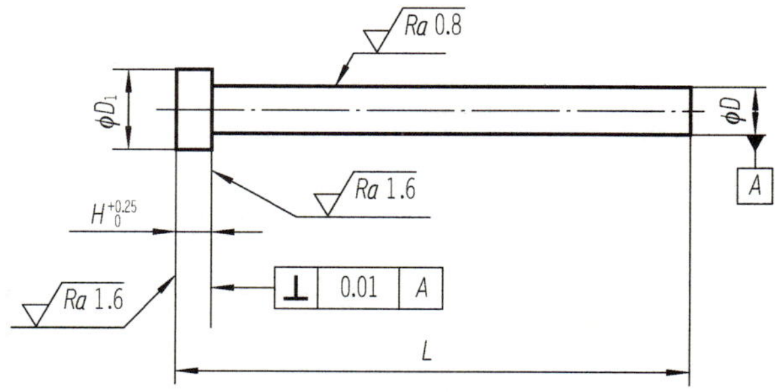

图 F-43　圆柱头直杆圆凸模

表 F-6　圆柱头直杆圆凸模相关参数　（单位：mm）

D	H	D_1	L	D	H	D_1	L
1.0	3.0	3.0	45、50、56、63、71、80、90、100	5.0	5.0	8.0	45、50、56、63、71、80、90、100
1.05							
1.1				5.3	5.0	9.0	
1.2				5.6			
1.25				6.0			
1.3				6.3	5.0	11.0	
1.4				6.7			
1.5				7.1			
1.6				7.5			
1.7	3.0	4.0		8.0	5.0	11.0	
1.8				8.5	5.0	13.0	
1.9				9.0			
2.0				9.5			
2.1	3.0	5.0		10.0			
2.2							
2.4				10.5	5.0	16.0	
2.5				11.0			
2.6				12.0			
2.8				12.5			
3.0				13.0			
3.2	3.0	6.0		14.0	5.0	19.0	
3.4				15.0			
3.6				16.0			
3.8							
4.0				20.0	5.0	24.0	
4.2	3.0	7.0		25.0		29.0	
4.5				32.0		36.0	
4.8				36.0		40.0	

附 9.4　上模座、下模座

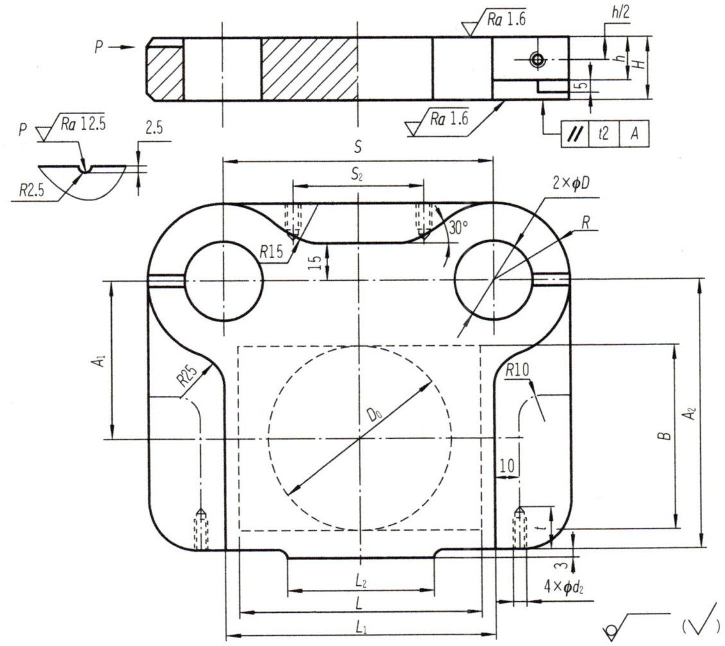

图 F-44　后侧导柱上模座

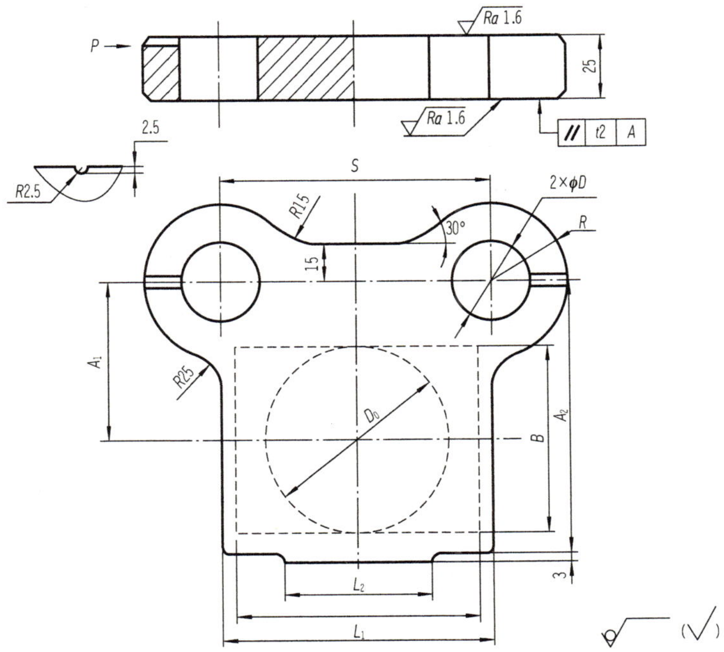

图 F-45　后侧导柱下模座

表 F-7　上模座、下模座相关参数

（单位：mm）

凹模周边			上模座尺寸										下模座尺寸										起重孔尺寸		
L	B	D_0	H	h	L_1	S	A_1	A_2	R	L_2	D（H7）基本尺寸	D（H7）偏差	H	h	L_1	S	A_1	A_2	R	L_2	D（R7）基本尺寸	D（R7）偏差	d_2	t	S_2
63	50	—	20	—	70	70	45	75	25	40	25	+0.021 0	25	20	70	70	45	75	25	40	16	−0.016 −0.034	—	—	—
			25										30												
63	63	63	20		70	70	50	85			28		25		70	70	50	85							
			25										30												
80		—	25		90	94			28	60	28		30		90	94			28	60	18				
			30										40												
100			25		110	116							30		110	116									
			30										40												
80	80	80	25		90	94	65	110	32		32	+0.0250	30	25	90	94	65	110	32		20	−0.020 −0.041			
			30										40												
100		—	25		110	116							30		110	116									
			30										40												
125			25		130	130							30		130	130									
			30										40												
（140）			30		150	150			35	80	35		35	30	150	150			35	80	22				
			35										45												
100	100	100	25		110	116	75	130	32	60	32		30	25	110	116	75	130	32	60	20				
			30										40												
125		—	30		130	130			35		35		35	30	130	130			35		22				
			35										45												
（140）			30		150	150				80			35		150	150				80					
			35										45												

续表

凹模周边 L	凹模周边 B	凹模周边 D_0	上模座尺寸 H	上模座尺寸 h	上模座尺寸 L_1	上模座尺寸 S	上模座尺寸 A_1	上模座尺寸 A_2	上模座尺寸 R	上模座尺寸 L_2	上模座尺寸 D（H7）基本尺寸	上模座尺寸 D（H7）偏差	下模座尺寸 H	下模座尺寸 h	下模座尺寸 L_1	下模座尺寸 S	下模座尺寸 A_1	下模座尺寸 A_2	下模座尺寸 R	下模座尺寸 L_2	下模座尺寸 D（R7）基本尺寸	下模座尺寸 D（R7）偏差	起重孔尺寸 d_2	起重孔尺寸 t	起重孔尺寸 S_2
160			35		170	170			38		38		40	35	170	170			38		25				
			40										50												
200			35		210	210							40		210	210									
			40										50												
125		125	30		130	130	85	150	35	60	35	+0.025 0	35	30	130	130	85	150	35	60	22	−0.020 −0.041			
			35										45												
（140）	125	–	35		150	150			38	80	38		40	35	150	150			38	80	25				
			40										50												
160			35		170	170							40		170	170									
			40										50												
200			35		210	210							40		210	210									
			40										50												
250			40		260	250			42	100	42		45		260	250			42	100	28				
			45										55												
（140）	（140）	（140）	35		150	150	95	170	38	80	38		40		150	150	95	170	38	80	25 28				
			40										50												
160		—	35		170	170							40		170	170									
			40										50												
200）			40		210	210			42		42		45	35	210	210	95	170	42	80					
			45										55												

续表

<table>
<tr><th colspan="3">凹模周边</th><th colspan="10">上模座尺寸</th><th colspan="10">下模座尺寸</th><th colspan="3">起重孔尺寸</th></tr>
<tr><th rowspan="2">L</th><th rowspan="2">B</th><th rowspan="2">D_0</th><th rowspan="2">H</th><th rowspan="2">h</th><th rowspan="2">L_1</th><th rowspan="2">S</th><th rowspan="2">A_1</th><th rowspan="2">A_2</th><th rowspan="2">R</th><th rowspan="2">L_2</th><th colspan="2">D（H7）</th><th rowspan="2">H</th><th rowspan="2">h</th><th rowspan="2">L_1</th><th rowspan="2">S</th><th rowspan="2">A_1</th><th rowspan="2">A_2</th><th rowspan="2">R</th><th rowspan="2">L_2</th><th colspan="2">D（R7）</th><th rowspan="2">d_2</th><th rowspan="2">t</th><th rowspan="2">S_2</th></tr>
<tr><th>基本尺寸</th><th>偏差</th><th>基本尺寸</th><th>偏差</th></tr>
<tr><td rowspan="2">250</td><td rowspan="2"></td><td rowspan="2"></td><td>40</td><td rowspan="6"></td><td rowspan="2">260</td><td rowspan="2">250</td><td rowspan="2"></td><td rowspan="2"></td><td rowspan="6"></td><td rowspan="2">100</td><td rowspan="6"></td><td rowspan="10"></td><td>45</td><td rowspan="6"></td><td rowspan="2">260</td><td rowspan="2">250</td><td rowspan="2"></td><td rowspan="2"></td><td rowspan="6"></td><td rowspan="2">100</td><td rowspan="6"></td><td rowspan="6"></td><td rowspan="6"></td><td rowspan="6"></td><td rowspan="6"></td></tr>
<tr><td>45</td><td>55</td></tr>
<tr><td rowspan="2">160</td><td rowspan="8">160</td><td rowspan="2">160</td><td>40</td><td rowspan="2">170</td><td rowspan="2">170</td><td rowspan="8">110</td><td rowspan="8">195</td><td rowspan="4">80</td><td>45</td><td rowspan="2">170</td><td rowspan="2">170</td><td rowspan="8">110</td><td rowspan="8">195</td><td rowspan="4">80</td></tr>
<tr><td>45</td><td>55</td></tr>
<tr><td rowspan="2">200</td><td rowspan="6">—</td><td>40</td><td rowspan="2">210</td><td rowspan="2">210</td><td>45</td><td rowspan="2">210</td><td rowspan="2">210</td></tr>
<tr><td>45</td><td>55</td></tr>
<tr><td rowspan="2">250</td><td>45</td><td rowspan="16">40</td><td rowspan="2">260</td><td rowspan="2">260</td><td rowspan="4">45</td><td rowspan="4">100</td><td rowspan="4">45</td><td>50</td><td rowspan="4"></td><td rowspan="2">260</td><td rowspan="2">250</td><td rowspan="4">45</td><td rowspan="4">100</td><td rowspan="4">32</td><td rowspan="4">−0.025
−0.050</td><td rowspan="4">M14</td><td rowspan="4">28</td><td rowspan="2">150</td></tr>
<tr><td>50</td><td>80</td></tr>
<tr><td rowspan="2">（280）</td><td>45</td><td rowspan="2">290</td><td rowspan="2">280</td><td>50</td><td rowspan="2">290</td><td rowspan="2">280</td><td rowspan="2">180</td></tr>
<tr><td>50</td><td>60</td></tr>
<tr><td rowspan="2">200</td><td rowspan="8">200</td><td rowspan="2">200</td><td>45</td><td rowspan="2">210</td><td rowspan="2">210</td><td rowspan="8">130</td><td rowspan="8">235</td><td rowspan="4">45</td><td rowspan="2">80</td><td rowspan="4">45</td><td rowspan="12">+0.025
0</td><td>50</td><td rowspan="12">40</td><td rowspan="2">210</td><td rowspan="2">210</td><td rowspan="8">130</td><td rowspan="8">235</td><td rowspan="4">45</td><td rowspan="2">80</td><td rowspan="4">32</td><td rowspan="12">−0.025
−0.050</td><td rowspan="8">M14</td><td rowspan="8">28</td><td rowspan="2">120</td></tr>
<tr><td>50</td><td>60</td></tr>
<tr><td rowspan="2">250</td><td rowspan="6">—</td><td>45</td><td rowspan="2">260</td><td rowspan="2">250</td><td rowspan="10">100</td><td>50</td><td rowspan="2">260</td><td rowspan="2">250</td><td rowspan="10">100</td><td rowspan="2">150</td></tr>
<tr><td>50</td><td>60</td></tr>
<tr><td rowspan="2">280</td><td>45</td><td rowspan="2">290</td><td rowspan="2">280</td><td rowspan="8">50</td><td rowspan="8">50</td><td>55</td><td rowspan="2">290</td><td rowspan="2">280</td><td rowspan="8">50</td><td rowspan="8">35</td><td rowspan="2">180</td></tr>
<tr><td>50</td><td>65</td></tr>
<tr><td rowspan="2">315</td><td>45</td><td rowspan="2">352</td><td rowspan="2">305</td><td>55</td><td rowspan="2">325</td><td rowspan="2">305</td><td rowspan="2">200</td></tr>
<tr><td>50</td><td>65</td></tr>
<tr><td rowspan="2">250</td><td rowspan="4">250</td><td rowspan="2">250</td><td>45</td><td rowspan="2">260</td><td rowspan="2">250</td><td rowspan="4">160</td><td rowspan="4">290</td><td>55</td><td rowspan="2">260</td><td rowspan="2">250</td><td rowspan="4">160</td><td rowspan="4">290</td><td rowspan="4">M16</td><td rowspan="4">32</td><td rowspan="2">150</td></tr>
<tr><td>50</td><td>65</td></tr>
<tr><td rowspan="2">（280）</td><td rowspan="2">—</td><td>45</td><td rowspan="2">290</td><td rowspan="2">280</td><td>55</td><td rowspan="2">290</td><td rowspan="2">280</td><td rowspan="2">180</td></tr>
<tr><td>50</td><td>65</td></tr>
</table>

续表

凹模周边			上模座尺寸										下模座尺寸										起重孔尺寸		
											D（H7）										D（R7）				
L	B	D_0	H	h	L_1	S	A_1	A_2	R	L_2	基本尺寸	偏差	H	h	L_1	S	A_1	A_2	R	L_2	基本尺寸	偏差	d_2	t	S_2
315			50		325	305			55		55	+0.030 0	60	45	325	305									200
			55										70												
400			50		410	390							60		410	390									280
			55										70												
（280）	（280）	（280）	50	45	290	280	175	320					60		290	280	175	320	55		40		M20	40	170
			55										70												
315		—	50		325	305							60		325	305									200
			55										70												
400			50		410	390							60		410	390									270
			55										70												

附录 10　常用冲压设备摘录

表 F-8　开式双柱可倾式压力机（部分）主要技术规格

型号		J23-3.15	J23-6.3	J23-10	J23-16	J23-25	J23-40	J23-63	J23-100
公称压力/kN		31.5	63	100	160	250	400	630	1000
滑块行程/mm		25	35	45	55	65	100	130	130
滑块行程次数/（次/min）		200	170	145	120	105	45	50	38
最大闭合高度/mm		120	150	180	220	270	330	360	480
最大装模高度/mm		95	120	145	180	220	265	280	380
连杆调节长度/mm		25	30	35	45	55	65	80	100
滑块中心线至床身距离/mm		90	110	130	160	200	250	260	380
床身两立柱间距离/mm		120	150	180	220	270	340	350	450
工作台尺寸/mm	前后	160	200	240	300	370	460	480	710
	左右	250	310	370	450	560	700	710	1080
垫板尺寸/mm	厚度	25	30	35	40	50	65	80	100
	孔径	110	140	170	210	200	220	250	250
模柄尺寸/mm	直径	25	30	30	40	40	50	50	60
	深度	45	50	55	60	60	70	80	75
最大倾斜角度/（°）		45	45	35	35	30	30	30	30
电动机功率/kW		0.55	0.75	1.10	1.50	2.20	5.5	5.5	10
机床外形尺寸/mm	前后	675	776	895	1130	1335	1685	1700	2472
	左右	478	550	651	921	1112	1325	1373	1736
	高度	1310	1488	1673	1890	2120	2470	2750	3312
机床总质量/kg		194	400	576	1055	1780	3540	4800	10000

附录 11　公差配合国家标准摘录
（摘自 GB/T 1800.2—2009）

表 F-9　标准公差数值

公称尺寸/mm	标准公差等级																	
	IT1	IT2	IT3	IT4	IT5	IT6	IT7	IT8	IT9	IT10	IT11	IT12	IT13	IT14	IT15	IT16	IT17	IT18
	/μm											/mm						
≤3	0.8	1.2	2	3	4	6	10	14	25	40	60	0.10	0.14	0.25	0.40	0.60	1.0	1.4
3（不包含）~6	1	1.5	2.5	4	5	8	12	18	30	48	75	0.12	0.18	0.30	0.48	0.75	1.2	1.8
6（不包含）~10	1	1.5	2.5	4	6	9	15	22	36	58	90	0.15	0.22	0.36	0.58	0.90	1.5	2.2
10（不包含）~18	1.2	2	3	5	8	11	18	27	43	70	110	0.18	0.27	0.43	0.70	1.10	1.8	2.7
18（不包含）~30	1.5	2.5	4	6	9	13	21	33	52	84	130	0.21	0.33	0.52	0.84	1.30	2.1	3.3
30（不包含）~50	1.5	2.5	4	7	11	16	25	39	62	100	160	0.25	0.39	0.62	1.00	1.60	2.5	3.9
50（不包含）~80	2	3	5	8	13	19	30	46	74	120	190	0.30	0.46	0.74	1.20	1.90	3.0	4.6
80（不包含）~120	2.5	4	6	10	15	22	35	54	87	140	220	0.35	0.54	0.87	1.40	2.20	3.5	5.4
120（不包含）~180	3.5	5	8	12	18	25	40	63	100	160	250	0.40	0.63	1.00	1.60	2.50	4.0	6.3
180（不包含）~250	4.5	7	10	14	20	29	46	72	115	185	290	0.46	0.72	1.15	1.85	2.90	4.6	7.2
250（不包含）~315	6	8	12	16	23	32	52	81	130	210	320	0.52	0.81	1.30	2.10	3.20	5.2	8.1
315（不包含）~400	7	9	13	18	25	36	57	89	140	230	360	0.57	0.89	1.40	2.30	3.60	5.7	8.9
400（不包含）~500	8	10	15	20	27	40	63	97	155	250	400	0.63	0.97	1.55	2.50	4.00	6.3	9.7
500（不包含）~630	9	11	16	22	32	44	70	110	175	280	440	0.7	1.1	1.75	2.8	4.4	7	11

续表

公称尺寸/mm	标准公差等级																	
	IT1	IT2	IT3	IT4	IT5	IT6	IT7	IT8	IT9	IT10	IT11	IT12	IT13	IT14	IT15	IT16	IT17	IT18
	/μm											/mm						
630（不包含）～800	10	13	18	25	36	50	80	125	200	320	500	0.8	1.25	2	3.2	5	8	12.5
800（不包含）～1000	11	15	21	28	40	56	90	140	230	360	560	0.9	1.4	2.3	3.6	5.6	9	14
1000（不包含）～1250	13	18	24	33	47	66	105	165	260	420	660	1.05	1.65	2.6	4.2	6.6	10.5	16.5
1250（不包含）～1600	15	21	29	39	55	78	125	195	310	500	780	1.25	1.95	3.1	5	7.8	12.5	19.5
1600（不包含）～2000	18	25	35	46	65	92	150	230	370	600	920	1.5	2.3	3.7	6	9.2	15	23
2000（不包含）～2500	22	30	41	55	78	110	175	280	440	700	1100	1.75	2.8	4.4	7	11	17.5	28
2500（不包含）～3150	26	36	50	68	96	135	210	330	540	860	1350	2.1	3.3	5.4	8.6	13.5	21	33

注：1．公称尺寸大于500mm的IT1～IT5的标准公差数值为试行。

2．公称尺寸小于或等于1mm时，无IT14～IT18。

附录12　冲压安全操作规程

1）工作前，首先要仔细检查操纵机构是否灵活、可靠，紧固件有无松动。特别要注意操纵系统的弹簧有无失效或断裂现象，空载试验机器的运转是否正常，滑块单动是否迟滞或连冲，安全装置是否完好。

2）手工送取单个坯料时，必须使用合适的专用工具，应在工作中自始至终地使用安全装置。

3）工作中发现机器运转声音不正常，发生连冲、操作不灵或电气故障时，应立即停车检查。

4）冲压机使用脚踏开关时，必须加设防护挡板。当滑块起动后，脚必须立即离开踏板。

5）操作时精力集中，用指定坯料在冷冲压模具上冲压，禁止使用非指定材料。

6）必须在冲床停止状态下取放工件，冲床上禁止放置工具及其他无关工件。

7）在机器运转过程中，严禁到转动部位检查与修理。调整、修理和清理模具，必须在停车后进行。

8）工作结束后，关掉电动机，整理工作地点，清理冲床工作台，给冲床涂油，工作全部完毕，把踏板移到空挡或把踏板锁住。

参考文献

陈剑鹤．2003．模具设计基础．北京：机械工业出版社．

邓明．2006．实用模具设计简明手册．北京：机械工业出版社．

高鸿庭．2004．模具制造工（中级）．北京：中国劳动社会保障出版社．

郝滨海．2004．冲压模具简明设计手册．北京：化学工业出版社．

胡凤兰．2005．互换性与技术测量基础．北京：高等教育出版社．

胡荆生．2000．公差配合与技术测量基础．北京：中国劳动社会保障出版社．

孙凤勤．1999．模具制造工艺与设备．北京：机械工业出版社．

孙锡红．2004．模具制造工（高级）．北京：中国劳动社会保障出版社．

王孝培．2012．冲压手册．北京：机械工业出版社．

薛启翔．2007．冲压模具设计和加工计算速查手册．北京：化学工业出版社．

郑家贤．2007．冲压模具设计实用手册．北京：机械工业出版社．

郑展．2007．冲压模具设计实用手册．北京：机械工业出版社．

钟毓斌．2000．冲压工艺与模具设计．北京：机械工业出版社．

周大隽，等．2005．冲模结构设计要领与范例．北京：机械工业出版社．